齐商文化浅说

石志丹 / 著

吉林人民出版社

图书在版编目(CIP)数据

齐商文化浅说 / 石志丹著. -- 长春：吉林人民出版社，2022.6（2024.1重印）
ISBN 978-7-206-19147-3

Ⅰ.①齐… Ⅱ.①石… Ⅲ.①商业文化—研究—山东—古代 Ⅳ.①F729.2

中国版本图书馆CIP数据核字(2022)第159182号

责任编辑：郝晨宇
封面设计：绿风文化

齐商文化浅说
QISHANG WENHUA QIANSHUO

著　　者：石志丹
出版发行：吉林人民出版社（长春市人民大街7548号　邮政编码：130022）
咨询电话：0431-85378007
印　　刷：北京一鑫印务有限责任公司
开　　本：880mm×1230mm　　1/32
印　　张：6.75　　　　　　　字　　数：150千字
标准书号：ISBN 978-7-206-19147-3
版　　次：2022年6月第1版　　印　　次：2024年1月第2次印刷
定　　价：38.00元

如发现印装质量问题，影响阅读，请与出版社联系调换。

目 录 ▶▶▶

第一章　齐商和齐商文化 ……………………………… 001
　第一节　齐商和齐商文化 ………………………………… 002
　第二节　中国古代早期商业与齐商起源 ………………… 017

第二章　齐商的兴起与发展 …………………………… 033
　第一节　齐商兴起的原因 ………………………………… 033
　第二节　春秋战国时期齐商的发展 ……………………… 056
　第三节　春秋战国时期齐国的海外贸易 ………………… 064

第三章　齐商文化的特点 ……………………………… 070
　第一节　齐国商业的特点 ………………………………… 070
　第二节　齐国商人的特点 ………………………………… 078
　第三节　齐国货币的特点 ………………………………… 086
　第四节　齐国城市的特点 ………………………………… 098
　第五节　齐国的农与商 …………………………………… 101

第四章　齐商文化和鲁商文化 …………… 121
第一节　鲁商之"鲁" …………………… 121
第二节　鲁商文化的合流与初步形成 ………… 123
第三节　齐地商业文化在秦汉以后的发展 ………… 136

第五章　齐商名人、名言、名训 …………… 156
第一节　齐商名人 ………………………… 156
第二节　齐商遗迹和老字号 ………………… 169

第六章　齐商文化的当代价值 ……………… 178
第一节　齐商文化的开放变革思维与理念 ……… 178
第二节　齐商文化的义利取向与儒商精神的塑造 … 187
第三节　齐商文化的务实精神与当代商业文化的
　　　　构建 ……………………………… 195

参考文献 …………………………………… 205

第一章

齐商和齐商文化

　　商业起源于交换。在人类历史上,商业和商人的出现经历了一个漫长的历史过程,是随着社会生产力不断发展而出现的产物。生产力发展到一定程度后,生产物有了剩余,人类社会出现了分工,居住在不同区域的人们因自然条件等方面的差异,掌握着不同的生产资料,生产出不同的产品,使物物交换成为可能。物品与物品的交换就是最原始的商业形态。尔后才产生了作为交易媒介的货币,产生了商业。商业有广义与狭义之分,广义的商业是指所有以营利为目的的事业,而狭义的商业是指专门从事商品交换活动的营利性事业。①

　　商业是联系生产和消费、农业和工业的桥梁,因此在人类的社会经济生活中发挥着重要作用。《中国商业史》

---

① 张政、李楠:《E-business 与 E-commerce 译文探究》,《中国科技翻译》2011 年第 4 期。

的作者王孝通对于商业做出这样一个评价:"凡政治修明者,商业必盛,政治窳败者,商业必衰;反之亦然,商业盛者其国罔不兴,商业衰者其国罔不亡。以之证于外国,丝毫不爽;以之证于中国,亦靡不相应。"

自古以来,商品经济的繁荣程度往往与一个国家政治、文化的繁荣程度相互映衬,又彼此影响。它既是一个社会开放程度的标志,又是一面鉴古知今的镜子。由此可见,商品经济在人类社会发展中的重要地位,这也正是今天我们研究商业文化的意义所在。

第一节 齐商和齐商文化

齐文化是中国的传统地域文化之一,其务实、开放、变革等鲜明的精神特质,使它在特定的历史时期中展现出独具特色的先进性。齐文化诞生于东夷文化所在区域中的半岛濒海地区,那里土地盐碱度高,而鱼盐桑麻等资源丰富,这样的自然环境和条件注定了齐文化从开始就走上了农工商并举的复合式经济、文化发展道路,重商的传统成为齐文化中最为深刻和鲜明的印记。与此同时,齐文化在政治、经济、文化、军事等各个方面所体现出的礼法结合、义利并重、多元包容和智慧变通等特质,奠定了它强大的生命力。

齐商和齐商文化就是在这样一种独特、先进的文化环境中孕育和生长起来,在先秦时期焕发出强劲的生命力和感召力。齐商精神是齐文化的核心精神，最能凸显和代表齐文化的内质特色，它所体现出的商业智慧是中国古代商业发展史中十分宝贵的思想财富，其中丰富的商业思想与实践对于先秦时期的社会发展乃至后世数千年的商业文化发展都具有重要的影响和意义。齐商文化作为独立的商业文化对后世的影响是巨大的。秦灭六国之后，齐商文化并没有完全消亡，而是以另一种形式延续和发展下来，构成了中国古代商业文化的重要组成部分，直至今天依然对社会经济发展发挥着重要作用。

一、什么是齐商

就狭义而言，"齐商"是对先秦时期齐国工商业从业者的统称；就广义而言，"齐商"的概念又可以从三个方面加以解读。

从时间上来说，齐商源起于上古的东夷文化时期，形成于姜太公封齐建国之后，崛起并兴盛于春秋战国，在战国时达到顶峰，后随着秦汉时期的齐鲁文化融合，发生了巨大的转型，并随着历史的演进延续下来，在不同的历史时期皆有所发展，一直延续至今，演变为带有强烈山东地域特色的鲁商。时至今日，"齐商"一词早已不再作为与行政区划相对应的主体概念，而是被赋予了更多的文化属性，它既是一个经济主体概念，更成为一个文化主体概念。

从地域上来说，齐商是指在齐地从事工商业生产和经营的商人群体，也包括来往于齐地和齐地之外的行旅商贾。

中国古来有"行商坐贾"的说法。《白虎通义·商贾》言："商之为言，商其远近、度其有亡、通四方之物，故谓之商也。贾之为言固，固有其用物以待民来，以求其利者也。行曰商，止曰贾。""商"的原意，是指估算，意思指估量道路的远近，推测物产的余缺，调剂、流通四面八方的各种货物，让货物流动起来，从事这种活动的人叫作"商"。而"贾"的原意为固定，即把生产必需的物品放在固定的店肆之中经营售卖，而非进行流动性交易。也就是说，行走四方，从事贩运买卖的商人称作"商"，而经营门市生意的商人称作"贾"。由此可见，最初时，商和贾是根据经营方式的不同而划分的不同类别的商人，后来"商"和"贾"成了相同意思的称谓，通指商人群体。自古以来，商人都存在"地籍"与"客籍"的问题，地籍指他们的原籍，客籍指他们成就事业所在之地，许多商人"周流天下"，不在原籍开创事业。比如齐相管仲，其原籍为安徽颍上，但他却在齐国成就事业；再如齐商的代表性人物范蠡，为楚国宛地（今河南省南阳市）人，他的政治成就在越国实现，但经商却是在齐国。因此，所谓齐商，既包括原籍与经商都在齐国的商人，也包括原籍在齐，却在外地经营的商人，还包括在齐地经商的外地人，或者来往于齐和齐地之外的商人。

从主体上来说，齐商既包括生产经营者（即商人），也包括从事生产经营的企业，同时还包括他们的商业经营活动与行为。毫无疑问，商人作为人格化的主体，是商业活动中最有生命力的群体，也是商业文化的传播者，但仅仅将商人作为商业的主体是并不完整的，尤其是具有企业化色彩和品牌化色彩的现代企业。以齐商老字号为例：周村烧饼的前身为清朝光绪年间的山东周村郭姓烧饼老店"山东聚合斋"。中华人民共和国成立初期，"山东聚合斋"携大酥烧饼的配方和制作技艺加入了国营山东省周村食品厂。1979年，周村烧饼以"山东周村"作为商标进行注册，正式定名为"山东周村"牌烧饼，自品牌诞生之日起至今已有40多年。山东的张裕集团成立于1892年，其前身是我国近代爱国华侨张弼士先生在烟台创办的张裕酿酒公司，它是中国第一个工业化生产葡萄酒的厂家，也是中国乃至亚洲最大的葡萄酒生产经营企业，至今已有100多年的历史。山东黄河龙集团起源于1922年由晚清举人王国锡创办的"强恕堂"酒坊，其先后更名为"强恕堂酒店""恒源酒店""山东省烟酒公司胶济区公司索镇烟酒总店""索镇总酒厂""山东索镇酒厂""山东黄河龙酒业集团股份有限公司""山东黄河龙集团有限公司"。经历了私营、公私合营、国营、股份制民营的历史变迁，山东黄河龙集团见证了中华民族工业的发展历程。这些企业历经漫长的发展变化，早已摆脱了创始者的光环，而是皆以其企业和品牌的形象延续下来。因此，企业也是齐商的重要组成部分。特别需要说明的是，"齐商"这一概念，除了指代人和企业之外，还用以指代齐商所有的商业贸易活动，因此今天所说的"齐商"，不仅指专职商人及其贸易活动，还包括其他社会群体，如农民、手工业者所开展的商贸活动。

二、什么是齐商文化

（一）齐商文化的概念与内涵

文化在广义上指人类社会的生存方式以及建立在此基础上的价值体系，是人类在社会历史发展过程中所创造的物质财富和精神财富的总和；在狭义上指人类的精神生产能力和精神创造成果。在商业文化中，被交换的物品只是一种物质存在，它本身不是文化，但当商业出现，人类由交易而发明了货币、度量衡，创造了与每个历史时期相对应的商品经济政策与思想，那些围绕商业活动而诞生的人类创造，就是商业文化。由此，对齐商文化从这一角度加以理解，就变得较为清晰了。

齐商文化是什么呢？笔者认为，狭义上讲，齐商文化是自姜太公立国之始，齐国历代统治者所推行的重商国策，以及在这一政策下后世齐地齐人的工商业发展现象；而从广义上讲，齐商文化的内容非常广泛，它是由齐商创造的文化，包括由此衍生而来的一切思想、行为等内容，是齐商在长期商业经营活动中创造的，经由历史凝聚、沿传和流变而形成的经营谋略、商业品德、风俗风范等一系列的文化品格与精神气度，既包括衣食住行的用品用具等物质层面的内容，也包括社会组织、风俗习惯、礼仪法度等制度层面的内容，还包括思想文学、情感意识、精神追求等精神层面的内容。因此，本书中所涉及的齐商人物、典故、发展演变、特点特质以及对经济社会的影响等，都属于齐商文化的范畴。

（二）齐商文化的演变历程

齐商文化的发展演变过程与齐文化的历史发展脉络大略一致，在近代以前主要分为两大历史时期，第一个时期是西周至秦朝时期，第二个时期是汉代至明清时期。齐商文化的精神内质在这两个时期截然不同，大相径庭，应该说它以汉代齐鲁文化的正式交融为分界线，发生了巨大转变。齐商文化真正意义上的繁荣时期存在于它的第一个历史时期中，也就是它作为齐国这一诸侯国的商业文化而独立存在的两周时期。这时的齐商是对应齐国这一诸侯国别而存在的，其政治属性较为显著，开放变革等特质使它迸发出强大的生命力，在中国古代商业发展史上留下了浓重的笔墨，也留下了大量宝贵的思想财富。

齐国存在的时间是从公元前1046年姜太公封齐建国开始，至公元前221年齐国为秦国所灭结束。而从文化渊源的角度，齐文化的存在时间，则上可追溯至距今8000多年的东夷文化时期，下可延续至西汉武帝"罢黜百家，独尊儒术"的时代，这也就是齐文化发展的第一个历史时期。而齐文化存在的空间，则包括今天的鲁北、鲁中及山东半岛地区，也就是"海岱之间"的山东地区。齐商文化正是在这样的时间和空间中形成并迅速发展起来。在这一历史时期,齐商文化的发展经历了三个不同的阶段。

第一个阶段:齐太公立国至"桓管改革"。

齐文化的源头是东夷文化。东夷,指生活在中原以东地区的东方部族。其生活区域大致包括今天山东全省以及河北、河南、江苏等省的部分地区。东夷族同华夏族一样,也有高度发达的文明,是中华文明的重要源头之一。齐商文化正是在这里崛起,它最初的奠基者,就是齐国的第一位君主姜太公。姜太公,名望,字尚父,是我国历史上著名的军事家、政治家、韬略家。他辅助周文王、周武王伐商建周,因首功被封于齐,定都营丘。姜太公建立齐国以后,采取了一系列治理国家、安定民心的措施。

齐国建立之初,政权尚不稳固,人心还未归附,为安定社会秩序,姜太公下令诛杀了以所谓的"仁义"乱齐的司寇营汤和以不合作方式对抗齐国政权的"贤人"狂矞、华士兄弟,使齐国迅速安定下来。为缓和新政权与当地居民的矛盾,以及社会各阶层的矛盾,姜太公推行"因其俗,简其礼"[①]的开明政策,"俗"即"夷俗",是东夷人的传统民风民俗,"礼"即"夷礼",是东夷人的礼仪制度。姜太公并没有强制推行周王朝所重视的全部周礼,而是从齐地实际出发,尊重和保留了一部分东夷人的文化传统和风俗习惯,做到使周礼与齐地文化风俗两者兼顾,并行不悖,务实地创造了让齐民乐于接受的新的文化制度,极大地缓

---

① 司马迁:《史记》,中华书局,2010,第2507页。

和了国内冲突。不仅如此，姜太公还推行"尊贤尚功"的政策，任人唯贤，而不拘于出身，他选拔了一批具有真才实能的人才为官，在一定程度上打开了阶层上升的途径，也缓和了国内各阶层的矛盾。在经济上，姜太公倡导"农工商并举""通商工之业，便鱼盐之利"①的宏观战略。齐国的土地盐碱化程度严重，不具备完全以农业立国的客观条件，但与此同时，齐国国内的矿藏、鱼盐等资源十分丰富，有条件发展冶炼业、丝麻纺织业、鱼盐业等手工业，因此，自立国之初，姜太公就沿袭东夷地区的重商传统，在保证农业发展的同时，因地制宜地大力发展手工业，并将重商传统发扬光大，利用齐国交通的便利，与列国开展贸易活动。于是，齐国制造的冠带衣履畅销天下，鱼盐之物流通列国，其他国家的财富都流向了齐国，各类人才也络绎不绝地汇聚到齐都营丘，诸侯们纷纷前来朝拜，齐国实现了强盛繁荣，逐步发展成为雄居于东方的富国、强国。

春秋前期，齐国的国力衰退，实力不及建国之初，急需改革图强。公元前685年，齐桓公即位。颇具识人之明的齐桓公，没有计较曾经的"一箭之仇"，任用贤相管仲，在国内进行了一系列改革，大力推行富国强兵之策，开启了齐国上最辉煌的一段历史。管仲改革推行的是一套全方位的整体方案，方方面面相互关联。在国家的整体布局规划上，管仲推行了"四民分业""三国五鄙"制度，将人

---

① 司马迁：《史记》，中华书局，2010，第2507页。

民按照职业进行划分,对土地划分行政层级进行规整,并有把人民合理有序地安置在相应的土地上,进行管理。在经济领域,齐国也推出了一系列有效的方案。在农业方面,齐国推行"相地而衰其政"的土地税收政策,实现了土地和税收制度的差异化与合理化,调动了人民的劳作积极性。在工商业方面,齐国一方面加强国家的宏观调控机制,推出了实行盐、铁专卖的"官山海",设立了掌管财政货币的机构"轻重九府",对货币和盐、铁等国家的支柱产业进行把控;另一方面放宽经济发展政策,鼓励贸易发展,提出了减少贸易税款的"关市讥而不征"等制度,使齐国经济稳步繁荣。在外交上,管仲建议齐桓公要以"尊王攘夷"相号召,意思是尊重周天子的最高政治地位,维护周王室的政治统治和外交安全,联合各诸侯国,共同抵御戎、狄等少数民族对中原华夏族的侵扰,使海内诸侯纷纷归附。在军事方面,齐国强调"作内政而寓军令"的"寓兵于农"政策,结合"三国五鄙"的制度,将军事编制隐于行政编制之中。此外,《管子·入国》中还系统地提出了中国最早的社会福利思想,即"九惠之教",其内容主要包括老老、慈幼、恤孤、养疾、合独、问疾、通穷、振困、接绝九个方面,使百姓生活得到一定程度的保障。管仲的全方位改革,使齐国出现了政治稳定、经济繁荣、人民富庶的局面,逐步实现了富国强兵的目标,从而为齐桓公称霸打下了坚实的基础。

公元前 679 年,齐桓公召集宋、陈、卫、郑等国在鄄地会盟，齐国的霸主地位首次得到了列国的承认。公元前667年，周惠王的代表召伯廖以天子之名向齐桓公授予"侯伯"的头衔，正式承认了齐桓公的霸主地位。之后的十余年间，齐桓公以"尊王攘夷"之名，多次发起会盟与战争，公元前651年的葵丘之会，史称"九合诸侯，一匡天下"，①实现了齐桓公春秋首霸的伟业。齐国霸业的成就促进了中原各国间的经济融通与文化融合，齐文化也在这样的发展趋势下真正成了兼容并蓄的开放型文化。这时，齐文化在列国之中的地位和影响力大幅提升，为东方文化中心由鲁国向齐国的转移，以及齐鲁文化的充分交融奠定了基础。

从姜太公时期的工商立国之策，到管仲的系列改革措施，齐商文化在开放宽松、务实变通的政策推进下迅速成长和成熟，表现出极大的活力，齐商和齐商文化开始正式登上历史舞台。

第二个阶段：春秋后期至"威宣盛世"。

齐文化的第二次高潮，是在战国齐威王和齐宣王时期。父子二人励精图治，使齐国的国力达到了战国时期的鼎盛阶段。

公元前356年，齐威王田因齐即位。他在国内进行了一系列整顿和改革，使齐国国力达到战国时期的高峰，实现了国富兵强，成为战国七雄之一。他任人唯贤，重用稷

---

① 司马迁：《史记》，中华书局，2010，第4408页。

下先生淳于髡、邹忌、檀子、田盼、黔夫、种首等贤臣，将人才比作"国宝"，并积极接受劝谏，励精图治。同时整顿吏治，惩治了碌碌无为、贿赂官员以求赞誉的官吏，又对遭受毁谤却政绩优秀的官吏奖励一万户的封邑，形成了有过当罚、有功当赏的风气。此外，他广开言路、善于纳谏，下令无论当面指出国君过失，还是上奏章规劝国君，抑或在朝廷或街市中议论国君过失的人，都给予奖赏。此外他实行军事改革，编辑成《司马穰苴兵法》。齐威王的改革取得了巨大的成功。公元前354年的桂陵之战、公元前342年的马陵之战，两胜当时的强国魏国；公元前334年，魏惠王尊齐威王为王，这就是历史上的"徐州相王"。徐州相王之后，齐威王成了真正的霸主，齐国也"最强于诸侯"，达到了历史上第二个实力高峰。

齐威王去世后，他的儿子齐宣王即位。他在位期间，胸怀"辟土地，朝秦楚，莅中国而抚四夷"[①]的雄心壮志，励精图治，力图统一天下，使齐国始终处于与秦国分庭抗礼的地位。齐宣王尊重知识、招揽人才，进一步扩大了始建于田齐桓公时期的稷下学宫，采取了更加开明的政策。首先，他给稷下先生们很高的政治地位，赐予邹衍、淳于髡、田骈等人上大夫之位，并为他们建高门大屋，给予很高的俸禄和物质优待。其次，他让稷下先生参与国事，赋予他们制定法规制度、执行外交以及建言献策的权力，经

---

① 方勇译注：《孟子》，中华书局，2015，第13页。

常向他们征询对国家大事的意见和看法。这一时期，稷下学者著书立说，百家争鸣，进行论辩与交流，稷下学宫空前活跃，学术研究和交流的创造性十分高涨。可以说，齐宣王时期的稷下学宫，其规模之大、人数之众、学派之多、争鸣之盛，达到了其发展史上的巅峰。

齐宣王执政时期，齐国经济最为发达，军事最为强盛，人民最为富庶，文化最为繁荣，齐文化的发展达到了巅峰。稷下学宫是战国时期全国的文化中心，齐国的学术成果丰富繁硕，且许多思想开创了历史先河，如阴阳五行学说大家邹衍创立了"五德终始说"和"大九州说"；稷下黄老学派创立了以道法合一为基本特征的黄老之学；孟子、荀子将齐文化与旧儒学融合，形成了新的儒学等。这一时期，世界上最早的足球——蹴鞠，出现在齐宣王执政时期，《管子》《晏子春秋》《六韬》《孙膑兵法》等著作也诞生于此时。在齐国全方位的强盛之中，齐商文化也呈现鼎盛之势。当时的齐都临淄是中国最大的商业都市之一，商品经济空前繁荣，市井繁华为列国之最，临淄城成了国际大都市，各国、各地区的特产都能在齐国的市场买到。据《战国策·齐策》记载："临淄之途，车毂击，人肩摩，连衽成帷，举袂成幕，挥汗如雨。"齐国商业之繁荣可见一斑。

第三个阶段：战国中衰至齐国灭亡阶段。

齐闵王在位的前期，依旧继承了前两任齐王的宏图大志，励精图治，使齐国继续保持了东方强国的地位。但到齐闵王后期却发生了很大转变,他狂妄骄纵,穷兵黩武,导致内外树敌,引来了灭国杀身之祸。公元前284年,燕昭王任命乐毅为上将军,率领燕、赵、韩、魏、秦五国伐齐。济西一战,大败齐军,之后各国军队退去,乐毅率燕军乘胜追击,攻破齐都临淄,并在短短的几个月时间内,攻占了齐国70余座城池,齐国仅剩下了即墨和莒邑两座城池未被攻破。齐闵王仓皇出逃,被楚国大将淖齿杀死。之后齐闵王之子田法章继位,称齐襄王,守莒抗燕。公元前279年,齐地即墨的守将田单智摆火牛阵,又通过连环计谋大破燕军。随后乘胜追击,很快收复了齐国之前失去的领土,并去莒城迎接齐襄王田法章回都临淄。经此一劫,齐国元气大伤,虽然田单复国成功,但齐国国力再也没有恢复到强盛时期的状态,丧失了与秦国一较高下的实力,齐文化就此衰落。齐襄王是一位胸无大志的君主,他在位时信用佞臣、忌惮田单,偏安自守,碌碌无为。公元前265年,齐襄王去世,他的儿子田建继位,史称齐王建。齐王建更加懦弱无能,一切国家大事全部由母亲——君王后决断,这一时期,齐国衰败没落,而秦国的实力已然雄踞于列国之上,为保存实力,齐国采取"事秦谨"①的政策,坐视秦国逐渐攻灭列国,不肯加以援手,最终于公元前221年,秦将王贲率军击齐,齐王建束手投降,至此齐国灭亡。虽然齐国被秦国所灭,但齐文化却没有随着国家

---

① 司马迁:《史记》,中华书局,2010,第3715页。

的灭亡而迅速消亡，它作为一种地域文化，对秦乃至西汉前期的文化产生着巨大的影响。

从战国中期开始，齐商文化的发展趋势也发生了很大变化。这一时期，随着各国工商业的繁荣发展，列国商贾的势力迅速壮大。在经济上，商贾盘剥农民，导致农民生活艰难，大量农民弃农从商，社会动荡不安；在政治上，许多富商巨贾形成势力，开始弄权，严重威胁到统治者的利益；在民俗风气上，逐利思想日盛，导致不良社会风气出现，百姓怨声载道。在这种情况下，各国政权出于维护统治的需要，纷纷开始推行重农抑商的政策。尽管齐国的工商业政策始终在列国之中较为开明和宽松，但齐国统治者也出台了与商人争利的各种措施。齐国商业的发展在一定程度上受到了制约，但就整体而言依然呈现兴盛的状态，并且这种状态一直保持到两汉时期。

秦灭六国之后，齐文化融入了大一统的潮流之中。尽管在秦汉时期，齐商文化依然迸发出较为强劲的生命力，对秦朝和汉代初期的社会经济、政治、文化都产生了较大的影响，但随着汉武帝时期"罢黜百家，独尊儒术"政策的奉行，齐商文化终归逐渐与鲁文化中的儒学思想相融合，不再以独立的商业文化形式存在。齐、鲁两国文化自诞生之日起便拥有天时地利的自然渊源，且始终在发展过程中不断交流与交锋，相互渗透，因此秦汉时期齐鲁文化的融合成了历史的必然。而齐商文化也随之与儒学思想合流，形成了后世的齐鲁商业文化。至此，齐商文化完成了它的历史转型，其发展的黄金时期也正式结束。

汉代以后，齐鲁商业文化进入了漫长的发展期。齐鲁文化由地域文化逐渐向主流文化过渡，齐商文化不再以单独的形态出现，而是以齐鲁商业文化这一新的形式呈现出新的特点，也在后世不同的历史阶段有着不同的发展。比如，隋唐时期之后，尤其是宋元时期新儒学的兴起，由于山东多出大儒，齐鲁文化的地位更加彰显。同时，由于唐宋时期商品经济较之汉代之后的各个历史时期都有更大程度的发展，齐鲁地区的商业发展迎来了再次繁荣，一批城市和新兴的市镇都出现了日趋繁盛的景象。这一时期齐鲁地区的海外贸易也出现了前所未有的盛况，当时全国著名的五大对外港口就包括齐地的密州板桥镇。为发展对外贸易，朝廷还专门设置市舶司，具体管理事务。随着元代运河的开凿，齐鲁之地的商品经济得到了更大程度的发展，济南、临清等地皆成为商业聚集地。但是，纵观整个汉代以后的齐鲁商业文化，由于地处儒家文化的发源地，长期受到儒家文化的熏染，齐鲁商贾普遍在心理上和性格上都具有保守的倾向，加之受封建社会重农抑商政策的压制，齐鲁商业文化整体上发展缓慢，少有亮点。合流后的齐商文化，渐渐倾向于崇礼保守，丧失了原本天性之中务实求变的特质，也失去了开拓精神和智慧谋略的商业基因，因而在后世的商品经济竞争之中丧失了先天优势，再也没有恢复其先秦时期的辉煌之势。

第二节　中国古代早期商业与齐商起源

就"齐商"这一概念而言，它产生的时间是在姜太公封齐建国之后，但齐商文化的发源与演变是一个漫长的历史过程，从文献记载来看，其历史源头可以追溯到远古时期。齐国是周王朝建立时封在东方的诸侯国，这里过去是东夷人的家园，东夷文化与中原文化并驾齐驱，中华早期文明正是由东部东夷文明和中原华夏文明碰撞融合而成。东夷人十分擅长手工业生产和商品交换，并且长期与中原文化保持着频繁的接触和交流。中国古代初期商业的发展和东夷文化有着密不可分的联系。比如，远古时期善于经商的舜就是东夷部族的首领，而以商业活动立世的商王朝也曾是东夷的一个部族。齐国位于东夷文化的核心地区，自然沿袭了东夷人发达的手工业水平和善于经商的风俗。

一、远古时期的商业传说

在原始社会时期，没有商品交换和商品生产，更没有商业。物物交换是人类社会历史最初出现的商品交换形式。在母系氏族时期，人们已经学会了编织渔网和制造复合工具，体质也已和现代人十分相近。他们掌握了人工取火技术，已经会用骨针缝衣服和加工一些简单的装饰品。随着生产力水平的提升，人们以家庭为单位开展劳作，出现了最早的职业分工，进而获得了剩余的生活资料，为物物交换提供了可能。当采集发展为原始的农业，狩猎发展为原始的畜牧业，畜牧业从农业中分离出来，第一次社会大分工也随之出现。此时，母系氏族逐渐被父系氏族所代替，私有财产的范围迅速扩大，到原始社会末期，最早的物物交换出现了。《周易·系辞下》中记载："包牺氏没，神农氏作，斫木为耜，揉木为耒，耒耨之利，以教天下……日中为市，致天下之民，聚天下之货，交易而退，各得其所。"这是关于古代商业的最早记载。这段话说的是伏羲死后，神农氏作为首领带领部族从事生产，在正午的时候开设市场，让各地的民众来交换物品，这就是最原始的贸易形式。可见，此时的交易有了一定的时间和场所，"市"的出现则表明商品交换日益正常化。

《周易·系辞下》中记载，神农之后，部落首领依旧教百姓变通生产，"刳木为舟，剡木为楫，舟楫之利，以济不通，致远以利天下""服牛乘马，引重致远，以利天下"。由此可见，此时的交通工具更加便捷，交易范围也有所扩大。

《淮南子·览冥训》中记载，黄帝时"道不拾遗，市不豫贾，城郭不关，邑无盗贼，鄙旅之人相让以财"，描绘出这一时期民风淳朴、生活安宁的社会景象。其中的"市不豫贾"是指不哄抬物价，不干涉市场交易的秩序。相传，在黄帝时期，已制作了舟车，制定了度量衡，为产品交换的进行提供了条件，商品交换的规模不断扩大。

相传在黄帝之后,我国黄河流域的部落联盟出现了尧、舜、禹三个著名的领袖。关于他们的交换活动,也有相关记载。

在尧的时期,生产和贸易水平都进一步发展。《淮南子·齐俗训》中记载:"尧之治天下也……其导万民也,水处者渔,山处者木,谷处者牧,陆处者农。地宜其事,事宜其械,械宜其用,用宜其人。泽皋织网,陵阪耕田,得以所有易所无,以所工易所拙。"说的是尧治理天下,因地制宜,用其所拥有的产品去交换自己所没有的产品,用技术相对先进的产品去交换自己不擅长生产的产品,有无、工拙相互为用,明确了社会分工与商品交换。这一时期,因地制宜的社会分工更加进步,阶级开始出现,交换活动有了更大发展。

尧之后,舜继位。舜,号有虞氏,因此又称虞舜。《孟子·离娄下》说:"舜生于诸冯,迁于负夏,卒于鸣条,东夷之人也。"诸冯在山东诸城,与孟子所说的舜为"东夷之人"颇为吻合,大致可以判断,舜的出生地、虞舜族的发祥地在今诸城,而舜有虞氏为东夷族。在舜的带领下,部落农业和手工业有了更大的发展。《尚书大传》中记载,舜"贩于顿丘,就时负夏"。"就时"意为乘时逐利进行交易,意思是舜在顿丘和负夏两地之间进行交易。《尸子·存疑》也记载,舜"顿丘买贵,于是贩于顿丘;传虚卖贱,于是债于传虚",说的是舜在顿丘和传虚进行贸易的情况,顿丘商品稀缺,商品价格高,于是舜就在这里贩卖货物,从中牟利,而传虚这一地区商品丰富,卖价较低,于是舜在这里收购货物,贩卖到别处,从中赚取差价。舜利用两地的物价之差,使自己处于交换的有利地位。这种交换活动,实际上已经是以交换为目的商品经济行为了。而"债于传虚"的意思是,某些产品的数量很多,不但可以"卖贱",甚至还可以先把东西运走,以后再来还钱,即赊账购买,故称为"债"。这是中国古代商业史上出现得最早的赊购行为。此外,顿丘已经远离了舜的本土。因此可见,舜的贩运活动已经是长途贩运了。

《管子·揆度》记载了尧舜促进交易活动的一种方法:"尧舜之王,所以化海内者,北用禺氏之玉,南贵江汉之珠……令诸侯之子将委质者,皆以双武之皮,卿大夫豹饰",于是"大夫散其邑粟与其财物以市虎豹之皮。故山林之人刺其猛兽若从亲戚之仇"。这段话说的是,尧舜治理各部落的时候,采用分等级的办法,规定臣服的部族首领入朝时,要按照等级不同,将虎豹之皮做成不同的服饰,作为赘见的贡礼。诸侯要用双虎皮做裘,卿大夫要用豹皮装饰衣袖等。如此一来,以农牧渔业为主的部族,只好"散其邑粟,与其财物",用自己的农产品去和山林部落交换虎豹之皮。为此,山林部落就竭尽全力去捕猎,进而得到了更多的农产品。双方通过交易各取所需,都得到了好处。这种交换的方法,正是"尧舜之王,所以化海内者"的一种方法。而"用玉""贵珠"的意思是,尧舜收到各部落的贡品后,通过回赐的办法,以珠玉作为交换,后世所延续的以珠玉作为珍贵的馈赠即是由此而始。

到了大禹时代,各氏族部落间的联系得到了空前加强,出产不同物品的各部族之间实现了更加便捷和频繁的产品交换。《尚书·益稷》中记载:"暨稷播,奏庶艰食鲜食。懋迁有无,化居。烝民乃粒,万邦作乂。""懋"是贸易,"迁"为迁徙,"化居"指的是交易手中存积的物品。意思是说,禹和后稷一起,教民众播种各种作物,给人民提供粮食,由于粮食较为紧缺,就发展贸易,互通有无,使人民得以安居乐业。可见,禹非常重视并提倡交换,借交换以通有无,使之成为人们经济生活中不可缺少的要素。后世常引用"懋迁有无"四字,来表示买卖货物,互通有无。

由此可见,远古时期关于商业的传说较为丰富,这些资料所截取的文献大多成书于西周之后,这些记载反映出远古时期不同历史阶段的商业发展承续,体现出不同时期生产力水平的提升,也让我们从中看到了人类早期自然经济条件下交换活动的发展轨迹。

二、夏商周时期的商业发展

(一) 夏王朝的货币和职业商人

禹死后,其子启继位,从此开创了家天下的历史。夏朝时期,社会经济有了明显发展。在农业方面,《韩非子·五蠹》中记载,禹大力倡导农业,"身执耒臿,以为民先";《孟子·滕文公上》记载的"禹疏九河",说的是禹进行了大规模的水利建设；《汉书·食货志》则载，"禹平洪水，定九州，制土田"，变水害为水利。在手工业方面，据《左传·宣公三年》记载："昔夏之方有德也，远方图物，贡金九牧，铸鼎象物，百物而为之备。"这说明当时已经可以冶炼较好的青铜，铸造具有各式图像纹饰的大鼎，并作为贡赋献给夏王朝。此外，在河南偃师的夏文化遗址中出土了青铜铸造的刀、锥、锛、凿、戈、爵等工具、武器和容器，反映了当时的青铜业铸造水平已达到了较高的水准。随着物质资料与产品的日益丰富，原来在交换中握有权力的氏族首领，最先化公为私，占据了大批的私有财产和珍贵器物，富裕起来，并且带动了一批新兴的家族和家庭在产品交换中崛起，至此，私有制产生。

在农业、手工业发展的基础上，商品交换有了进一步发展。随着交换商品数量和品种的增多，物物交换受到时间、空间以及物品本身价值高低等因素的影响，已经远不能满足频繁交换的需要，暴露出了它的局限性，这时就需要一种可以用来衡量一切商品价值，并被大家普遍接受的产品作为交换的媒介，货币就此产生了。其实货币这种估价财货的固定媒介形式出现得非常早，黄帝、尧舜时代，由于交换的需要，已出现了牲畜、红铜器、玉器等交换中介的形式，这些都可称之为货币的最初形态。但当时红铜器的产量少，而珠玉是"上币"，只能用于上层社会，都不可能大量推广于社会。因此人们普遍使用的除了某种牲畜等一般等价物以外，贝成了流通性较好的货币形式，它也是我国最早的非金属货币。夏朝时，人们开始普遍使用贝作为货币进行交易。夏人崇尚黑色，因此大多将海贝染黑，《盐铁论·错币》中有"夏后以玄贝"的记载，到了商朝和西周时期，贝币成了主要的流通货币。货币的产生是古代商业发展的重要标志。

社会分工的产生和交换的扩大，加速了商人的诞生。货币出现以后，商品生产者卖出商品，换回货币，再用货币购买自己所需要的商品，形成了商品—货币—商品的流通形式，这是一种简单的商品流通。在客观上，这种形式把直接的物物交换分解为买和卖两个独立的过程，使交换活动更加便捷地开展，但是从时间上来说，生产和交换往往无法兼顾，为了解决这一矛盾，使生产者能专注于劳作和生产，客观上就需要一种专门从事交换的人开展交易，于是，职业商人随之出现了。商人的出现，使生产活动和交换活动相分离，生产者和消费者之间有了中介人，从此，商品流通的形式转变为货币—商品—货币的较为发达的商品流通。

需要说明的是，中国古代商业从一开始，就掌握在统治阶层（即官府和贵族）的手中，商业活动都是由官府或贵族经营，他们掌握并使用大批手工业者开展交易活动，为自己提供服务，他们既是地方诸侯和部落贵族，同时也是控制商品买卖的商人，即官商。这一时期，还没有出现以个体身份从事交换活动的"自由商人"，即私商。这种模式，是中国古代早期商业一个显著的特点，它对后世商业政策与商业发展起到了深远的影响。

关于"市",我国古书中有不少相关记载,有神农氏的"日中为市",有黄帝时的"市不豫贾",有颛顼时的"祝融作市"等,这些记载都说明市的存在和交易联系在一起,是交易的场所,并且出现得非常早。最早的市,一般都在井的旁边。《管子·小匡》曰:"处商必就市井。"尹知章注:"立市必四方,若造井之制,故曰市井。"因为在井边便于人们聚集,也便于人和牲畜饮水。"市井"一词便出自此处。《周易·系辞》载:"重门击柝,以待暴客。"说的是私有制产生后,夏朝为保护私有财产,国家设置了城门、郭门等多重门卡,并敲击木梆巡夜,用来抵御从事侵害活动的人。这时,原始的城市逐渐从村邑中分离出来,城郭就是最原始的城市。这一时期,交易的场所——市,就设置在城郭之中,人们在城市之中开展交易。

对于开展交易活动的市,统治者一般会采取各种方式加以保护,维护交易的正常运行。然而夏的最后一任统治者桀,荒淫暴虐成性,骄奢淫逸,挥霍无度。据《管子·轻重甲》记载,桀"弛牝虎充市,以观其惊骇",把老虎放进人们聚集交易的市中去伤害百姓,以观看百姓的惊骇之状而自娱,拿人民的性命开玩笑,倒行逆施,完全无视"市"的作用,最终自食恶果,断送了夏王朝。

（二）商王朝的商业发展

商是黄河下游的一个夷人部落，远祖协助禹治水有功，封于商地。在夏朝时期，商族部落的农业、牧业都比较发达，常以农牧产品和牲畜与其他部落开展贸易，以善于交易而出名。商部落有一位非常善于做买卖的首领，叫作王亥，经常亲自驾牛车到远方部落去开展商品交易，他的贸易范围已扩大到了黄河北岸，使商部落不断扩大，商族快速兴起。在一次交易中，王亥被狄人有易氏杀害，其所带物品也被抢走。王亥之子替父报仇，与有易氏发动了战争，大获全胜，占领了有易氏的领地，使商族的势力迅速扩大。王亥因擅长交易为部族做出了很大贡献，受到商族人的尊重。对于中国商业始祖，学界历来说法不一，大致分为"祝融说""西周殷民说""白圭说"和"王亥说"四种观点，商王亥列居其一，可见其在中国古代商业发展中的重要地位。王亥的后代都善于经商，使商族得以繁盛发展，到成汤时期，商族已达到全盛，最终伐夏立商，建立了商王朝。

夏朝末年，桀荒淫无度，修治宫室，广选美女。《管子·轻重甲》记载，其身边的女乐"无不服盾文绣衣裳者"，致使民怨沸腾，社会不稳。这时，商族的首领成汤采用下属伊尹的策略，通过商族素来专长和较为发达的手工业作为手段，命自己部落的妇女赶制"文绣纂组"，用来交换夏人的粮食，以商业手段削弱夏朝的力量。成汤非常重视保护商业和市场，在其伐夏的战争中，用严格的纪律，约束自己的士卒，命令他们不得惊扰市肆，因而得到了百姓的拥护，最终取代了夏朝。

商朝时期农业和手工业更加成熟，农产品的种类和数量增多，养蚕、畜牧、酿酒业都已十分繁盛，而在手工业领域，制陶业和青铜冶铸业的技术更加纯熟。这时的交换活动主要在城市中进行。据记载，齐国的开国君主姜太公曾在商朝的都城做过生意。《盐铁论·讼贤》中记载"太公之穷困，负贩于朝歌"，说的是姜太公在遇到周文王之前，曾在商朝的都城朝歌市肆之中做过生意。《楚辞·天问》中也有记载："师望在肆，昌何识？鼓刀扬声，后何喜？"说的是姜太公遇到周文王的事。

随着青铜业的发展，商朝时已经能制出精美的青铜器皿和坚韧锋利的青铜工具，商后期的司母戊大方鼎则成了代表商朝生产力水平的青铜器产品。尤其因青铜业的发展，这一时期的青铜"钱"也开始进入货币的行列，和贝币同时流通，交换活动更加便捷。因此商朝时期的交换活动是非常盛行的。善于经商的商族人非常重视商业发展，他们中的一部分，经常到相邻的部族，包括周族地区做生意，因此在很多人心中，善于买卖的人就是商族人。

商朝灭亡以后，商族人的境况大不如前，为了生计，商族人重操旧业，行走四方，贩卖各地物产以谋生，买和卖几乎成了他们的主要职业。后来商族人与周族人的氏族界限逐渐泯灭,随着商业的不断发展,做买卖的人越来越多,周族人延续之前的观念,将做买卖的人统称为"商人",这就是"商人"一词的由来。此外,人们把用于买和卖的物品称为"商品",将从事买卖的职业称为"商业"。可见,"商人""商品"和"商业"的由来都与商朝有着密切关联。

商朝时期,商业的发展依然属于"官商"的性质,商业活动掌握在贵族手中。姜太公经商的传说,或可说明在商朝末期,已出现了"自由商人"的萌芽。

(三)周王朝的"工商食官"制度与私商的产生

周朝建立之后,农业和手工业有了更大的发展,青铜业、制陶业、丝麻纺织、舟车制造、房屋建筑、骨器、制革等都具有很高的水平。同时,商品流通也随之有了显著发展,商品品种和数量皆大幅增加。《周礼·地官·质人》记载,当时交易的品种有"人民、牛马、兵器、珍异"。此外,周朝的土地卷入了商品流通。《礼记·王制》中记载:"田里不鬻。"鬻者,卖也,意思是土地不能出卖。但事实上,在周朝商品经济的刺激下,土地开始租让,甚至可以拿来交换,这就严重侵蚀了统治者赖以生存的根基。尽管《诗经·小雅·北山》有云:"溥天之下,莫非王土。率土之滨,莫非王臣。"但到周宣王时,土地国有已名存实亡。

"工商食官"制度是先秦时期推行的一项重要的工商

业管理制度,在夏商时期已经出现,西周时达到鼎盛。所谓"工商食官"制度,就是由官府管理工商的制度,其本质依然是官商制度。官府一方面掌握着用以交换的大宗商品,如农产品、手工业产品等,是最大的买主和卖主;另一方面掌握着从事商业活动的人,工是官府的工,商是官府的商,官工和官商都世代为奴,没有人身自由,官府对其监管,只给以极其菲薄的衣食和生活资料。因那时"工""商"并称,因此称为"工商食官"制度。周朝的法律明确规定"士大夫不杂于工商",官府派有专职官吏"贾正""工正"等对工商者进行监管。"工商食官"制度即官办官营。

由于商品流通的发展,市场管理也十分重要。西周时期,统治者对于市场的组织管理、商品种类、参与交易的人员等都做了明确的规定。第一,对市场的位置和格局分布有着严格的规定,在王城和诸侯的国都里,都在宫殿的后面划定出一片特定区域作为"市"。《周礼·考工记》云:"匠人营国,方九里,旁三门……左祖右社,面朝后市,市朝一夫。"一夫是计量单位,大约"百步",市场大多设在宫殿北部。市又分为大市、朝市和夕市,《周礼·地官·司市》记载:"大市,日昃而市,百族为主;朝市,朝时而市,商贾为主;夕市,夕时而市,贩夫贩妇为主。"就是说,大市位于市场中心,日中进行,主要买卖奴隶主贵族所需要的奇珍异宝、奢侈品和奴隶;朝市在市场东边,早晨进行,开展商旅和官府商贾的大宗商品批发贸易;夕市在市场西边,傍晚进行,主要买卖一般平民所需要的物品。第二，对于可以进入市场买卖的货物有着严格的规定，有几类物品不能在市场上随意买卖：一是珍贵玉器；二是表明身份的命服、命车；三是宗庙内的祭祀器具、祭祀牲畜；四是弓、矢、剑、戈等兵器；五是劣质的物品，例如不合格的车、染色失败的布料等；六是高档的衣服和美食；七是没有成熟的瓜果、未成材的树木、未长大的鱼类等。第三，周朝的"市"设专职官吏，周朝称"司市"，鲁国称"贾正"，齐国称"市掾"，通过这些官吏对市进行管理。《礼记》记载，市场上的店铺分为公家和私家两种，公家店为官商经营，店铺不用缴纳市场税；私家店为私商开设，需要缴纳市场税。市场上交易的商品种类很多，包括粮食、牲畜、珍贵珠玉、衣服鞋帽、酒肉等。《周礼》记载："凡治市之货贿，六畜珍异，亡者使有，利者使阜，害者使亡，靡者使微。"意思是通过市场调剂商品有无，把市场内同类商品都集中在一处，进行统一管理和价格监督。官府运用行政力量管理市场的目的在于使交易按一定的规范进行，防止欺诈偷抢等不法行为的发生，以维护社会秩序。对于不遵守市场法规的行为，市官要予以纠正甚至处罚。第四，规定贵族不能直接参加交易。贵族是商业活动的经营者，但他们不能直接参加商业活动，只能派管事和仆役进入市场。刘禹锡的《观市》中记载："命士以上不入市，周礼有焉。"《周礼·地官司徒·司市》也记载："国君过市，则刑人赦；夫人过市，罚一幕；世子过市，罚一帟；命夫过市，罚一盖；命妇过市，罚一帷。"就是说贵族入市是要受到惩罚的。

　　西周时期，除了官商之外，社会上还有一部分平民中的经商者，他们就是自由商人，即私商。这部分人在开始时数量并不多，他们社会地位低下，不能与贵族商人的经营混杂在一起。《逸周书·程典》中记载："士大夫不杂于工商。"《左传·襄公九年》则记载："商工皂隶，不知迁业。"也就是说他们不能自由转业。但是，西周时期也制定了一些有利于私商发展的政策。首先，西周统治者对在各地间贩运货品的商人给予了一定的优惠政策。《逸周书·大匡》记载，周文王曾经"告四方游旅旁生，忻通所在，津济道宿，所至如归。币租轻，乃作母，以行其子，易资贵贱，以均游旅，使无滞"。意思是说周文王许诺在交通、住宿、商税等各方面给商人以便利。其次，西周时设立了一个集商业、金融、信贷等多种功能于一体的机构，即"泉府"。据《周礼》记载，泉府将收上来的税款作为本钱，收购市场上暂时滞销的商品，并在价格上给予优惠，以备不时之需。这一措施在一定程度上起到了宏观调控的作用，很大程度上避免了商人财务的亏损，保障了商人利益。同时，泉府还对商人提供贷款业务，为缺少本钱的经商者提供资金或商品，借贷者要按照规定时间归还本金和利息。这应当是中国古代记载得最早的贷款业务。再次，西周制定了有利于商业发展的税收政策，即对外来商人和自由商人征收一定的税金，但只收市税，不收关税，这对来往于各地的贩运商人是十分有利的。因此，到西汉中期时，自由商人的数量迅速增多,连许多"贾正""工正"也利用自己手中的职权经营起私营手工业和商业,私商阶层开始崛起,自由商业的发展呈现出不可遏止之势。

可见,中国古代商业萌芽出现得非常早,并在很长的历史时期中随着生产力发展逐渐进步。齐商的产生,是时代和生产力发展的必然结果,在整个社会商业发展的大背景之下,在独特的历史、自然、人文环境和齐国商业政策的催化之下形成的。

周朝建立后,周天子分封诸国,将齐国封到了营丘。齐国自姜太公建国之初,就遭到了齐地人民,也就是东夷人的反抗。姜太公的先祖就是东夷人,而他的封国又建在东夷旧地,面对东夷人抗争的严峻局面,为了更好地巩固统治,他推行了"因俗简礼""通商尚功"的治国方略,并未以周王朝烦琐的礼仪制度强加于齐地人民,而是对东夷固有的简朴、尚功的文化传统采取沿袭和优化的政策,东夷人先进的手工业和商业传统也保留下来。姜太公因地制宜,根据《汉书·地理志》中所载的"齐地负海潟卤,少五谷,而人民寡"的现实自然条件,扬长避短,通权达变,充分利用和开发丰富的鱼盐资源,大力倡导商品贸易活动,使齐国迅速强盛起来,跻身强国之列。因此,齐国自建立之初,就以工商业作为其立国之本,而齐商也在此时初步形成。

然而西周时期,周王朝鼎盛,各国诸侯皆臣服于周天子,天下较为和平,齐商的发展也基本与西周时期整个社会商品经济发展保持一致。而到东周时，周朝衰微，朝纲不振，四方诸侯各自为政，争相称霸，列国君主纷纷探寻强国之道，皆推行鼓励商业发展的政策，中国古代的商品经济迎来了一个短暂的春天。这时，齐商在列国的角逐之中真正彰显出其自身独特的特质和强大的生命力，进入了其发展的黄金时期。齐商文化登上了历史舞台，凭借其自身开放变通、重谋尚智、多元务实的特质，成了中国商业发展史，乃至中国经济发展史中重要的组成部分，在以农业为本，自然经济占主导地位的中国古代社会里留下了许多宝贵的商业思想财富。

第二章

齐商的兴起与发展

第一节 齐商兴起的原因

一、历史原因

齐文化诞生的齐地,曾是东夷人的家园,东夷部族曾创造了与中原文化并驾齐驱的文明。东夷文化在中国文化历史上拥有非常高的历史地位,是中华文明的重要源头之一。东夷文化的发展从后李文化起,经历了北辛文化、大汶口文化、龙山文化、岳石文化几个时期,创造了丰富的历史财富。

东夷文化又被称为"海岱文化","海岱"一词始见于最早的地理学著作《尚书·禹贡》中的"海、岱惟青州""海、岱及淮惟徐州"。岱指泰山,"海岱"指自黄海西岸至泰山南北的广大地区。因此可知,东夷文化与海洋文化有着密切的联系,这也是后来齐文化更接近于海洋文化的源头。东夷人的手工业生产水平非常高,而且有着重商的传统，他们与同时期中原地区的内陆文明保持着密切的交易往来，并且善于开展海上贸易活动。

大汶口文化到龙山文化时期，是东夷文化发展中比较重要的时期，在这一时期出现了原始的商品交换活动。这时的东夷部族已经进入了锄耕的农业经济阶段，同时手工业也已经从农业中分离出来，东夷遗址所出土的大量陶器与石器生产工具可以证实。

彩陶壶

八角星纹彩陶豆

在东夷遗址中有大汶口文化早期的家族墓地，并且不同的墓葬之间存在较大差异，说明这一时期已经开始产生贫富分化的现象。在这一时期的遗址墓葬发掘中，石凿、石斧等工具多出自男性墓，而纺轮等工具多出自女性墓，说明男女的社会分工已经较为明确。有专家推测，大汶口早期阶段已经初步完成了由氏族所有制向家族所有制的转化，甚至可以说，这一时期的私有制成分已经超过公有制。大汶口文化中期，家族墓地进一步分化，贫富分化进一步拉大，随葬品的数量悬殊，种类也差异很大，许多大墓已经出现人殉现象。而在大汶口文化晚期，用于交换的商品生产已经出现，最具代表性的首推陶制品。从考古发现来看，这一时期的手工制品做工非常精细，图案和花纹十分精美。

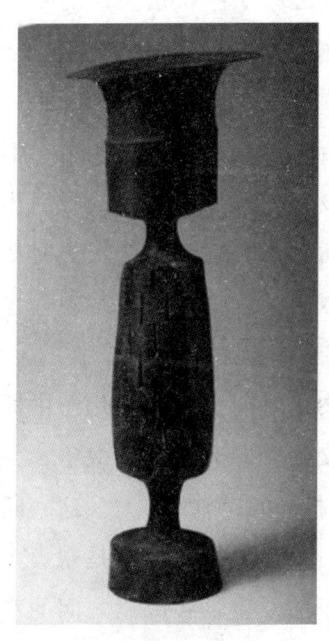

蛋壳黑陶高柄杯

海岱地区进入龙山文化时代后，出现了代表当时生产力水平的黑陶，尤以蛋壳陶最具代表性。蛋壳陶是一种制作精致、造型小巧、外表漆黑黝亮、陶胎薄如鸡蛋壳的黑陶，代表了当时生产力的最高水平。龙山文化遗址出土的玉钺、玉版、玉冠饰、蛋壳陶高柄杯等，表明龙山文化时期的礼器制作趋于专门化。

中原地区进入夏王朝纪年时，与其突出的中心地位相对的是，周边的四方被称为"四夷"，东方海岱地区成为"东夷"。龙山文化晚期万国林立的文化格局受到了中原文化的严重冲击，迎来了一次历史性的变革和重组。夏王朝统一中原后，东夷文化进入岳石文化时期。这一时期，东夷人的物质发展水平处于明显领先的地位，考古发现证明，岳石文化已有青铜冶炼技术，进入了青铜器时代。东夷先进的文化，对夏王朝构成了强大的吸引力，导致中原与东夷的争斗十分激烈。夏代的整个历史时期，夏朝发动了一系列对东夷的战争，这些战争在客观上也加速了中原文化和东夷文化的交融，促进了商品交换的发展。

整个东夷文化时期，海岱文化与中原文化始终保持着密切的接触和交流，既有频繁的战争，又保持着频繁的贸易，海岱文明对周边影响力巨大。这一时期各部落之间战争频繁，太昊、少昊、蚩尤等都是东夷人中著名的军事首领。伴随着战争的发生，各部族之间的产品交换也不断推进。在晚期的中原文化遗址中出土了大量的海贝，这些海贝显然是从东部沿海而来，有可能是战争掠夺的产品，也有很大可能是通过和平的产品交换途径获得。而这一时期的商品交换活动在文献中有明确的记载，《史记·五帝本纪》记载，舜曾"渔雷泽，陶河滨，作什器于寿丘，就时于负夏"。《尸子·存疑》也对舜的交换活动有相似记载：

"顿丘买贵,于是贩于顿丘,传虚卖贱,于是债于传虚。"说明那时的人们已经懂得观察和利用市场行情赚取差价。

与此同时,交通的便利也为商品交换提供了保障。《孟子·滕文公上》记载:"禹疏九河,瀹济漯,而注诸海;决汝汉,排淮泗,而注之江,然后中国可得而食也。"说的是大禹治水后,几条河道都得到疏通,交通更为便利,交通工具也得到长足发展。蜀汉谯周《古史考》云:"黄帝作车,引重致远,少昊时,略加牛;禹时,奚仲加马。"从文献记载看,最迟在商代后期,牛车已经非常普遍了。由此可以推断,这一时期的原始商品交换活动已经产生,并且得到很大程度的发展。

商王朝与东夷文化的关系十分密切,商族原本就是东夷的一个部族,传承了东夷人重商善贾的风俗传统。《管子·地数》曰:"昔者桀霸有天下而用不足,汤有七十里之薄而用有余。天非独为汤雨菽粟,而地非独为汤出财物也。伊尹善通移、轻重、开阖、决塞,通于高下徐疾之策,坐起之费时也。""通移、轻重、开阖、决塞"都是调节经济的思想和方法,与管仲提倡的轻重之术大致相同。这段话意思是说夏桀坐拥天下而依然困涩,而商汤只有七十里土地却十分富足,并不是因为商汤拥有特别的天时地利,而是因为商汤的谋臣伊尹具有经营天下,尤其是经商的思想和能力。由此可见殷商在早期就把通商贸易作为一项基本的国策来执行了。在《尚书·酒诰》中有"肇牵车牛,远服贾用,孝养厥父母"的句子,说的是殷民常在农事生产活动完成后，赶着牛车，载着货物，远行买卖，并以交换所得奉养他们的父母。商王朝时期与东夷地区有着频繁的商品交换，古籍中也有记载。《世本·作篇》中记载："夙沙氏，始煮海为盐。"据考证，夙沙氏是一个长期居住在山东半岛上的古老部落，说明东夷地区早在史前已经出现了原始的海盐生产活动。而《孟子·告子下》云："舜发于畎亩之中，傅说举于版筑之间，胶鬲举于鱼盐之中。"说的是商末周初的胶鬲在未被重用以前，就在沿海一带从事与鱼盐有关的行业。这也说明齐地后来十分发达的渔盐业具有悠久的历史。

尽管周朝以农立国，但周人也认识到了商业的重要性，把商业列为"九职"之一，对商人的身份给予了一定的认可，也较为积极地鼓励和扶持商业活动。西周时期，齐地的商业发展在统治者重商政策的推行下，起步最早，发展最快，为后来齐商文化的辉煌和繁荣奠定了坚实基础。

综上所述，齐地位于早期东夷文化所在的地区，受东夷重商传统影响极深，良好的商贾文化在其发展中保存并进一步延续下来。

二、自然原因

关于齐国的自然环境，《史记·货殖列传》记载："故太公望封于营丘，地潟卤，人民寡，于是太公劝其女功，极技巧，通鱼盐，则人物归之，繦至而辐凑。故齐冠带衣履天下，海岱之间敛袂而往朝焉。"

齐国所在地域主要在今天的山东半岛，向外辐射至河北省的东南部、河南省的东部、江苏省的北部、安徽省北部淮河以北的部分地区。就地理形势而论，齐国地处黄河下游，华北平原的东部，南接泰山，东面大海。这种依山、滨海的地理环境，构成了其半岛濒海型文化。

齐国位于半岛和滨海的地区，土壤盐碱化比较严重，在一定程度上制约了农耕的发展，农业并非发展优势选项。但是齐国的自然环境又具有自身独特的特点，一方面，土地适宜于种植桑麻，可以发展纺织业；另一方面，因靠海而适合发展鱼盐业。关于丝麻纺织业，其桑麻等经济作物的种植形成了规模化，独具地方特色。桑麻的优势加上齐地纺织先进的技术，使得齐地的纺织品制作精美，闻名于天下。20世纪70年代，在临淄郎家庄一号东周墓出土了大量的丝麻制品，品种丰富，做工精良，可见当时齐国的丝麻织品产量巨大，工艺精美。关于鱼盐业，《管子·轻重甲》记载："楚有汝、汉之黄金，而齐有渠展之盐，燕有辽东之煮，此阴王之国也。"可见齐国形成了以渔猎为主的经济形态，鱼盐业成了齐国的特色优势产业。

三、国家战略原因

经济的发展，归根到底离不开政策的推动。齐国的历代统治者都认识到工商立国的重要性，制定了一系列推动工商业发展的政策。在重农的基础上，鼓励发展工商业，确立了齐国的重商传统，为齐商文化的形成和发展提供了内在动力。

在齐国工商业发展的历程中,有两个非常重要的时期,一是姜太公时期,二是管仲相齐时期,两人皆是齐商文化发展史上里程碑式的人物。姜太公和管仲在从政之前都曾有过经商的历史,他们的商业思想对于齐国的发展产生了巨大的影响和作用,对推动齐国工商业的繁荣和齐商文化的兴盛发挥了至关重要的作用。

(一)姜太公的工商立国之策

1. 因俗简礼

齐国是异姓封国,立国后,遭遇了东方的莱夷势力的反抗。《史记·齐公世家》记载:"营丘边莱,莱人,夷也,会纣之乱而周初定,未能集远方,是以与太公争国。"其武力抗争给新生的齐政权带来很大的威胁。太公最后以武力击败莱夷的进攻,安定了政局。与此同时,齐国政权还面临着齐地旧势力的对抗,以狂矞、华士为代表的一批旧势力对新生的齐政权采取不合作的态度,他们凭借特殊身份及社会影响力在新生的齐政权内部形成反抗力量,使得齐国在立国之初难以稳定。为了安抚周边地区的国民和国内的旧势力,姜太公一方面采取强硬手段进行治理,另一方面开始推行"因俗简礼"的方针。

所谓"因俗简礼",就是遵照当地的习俗和礼仪,简化一些烦琐的礼仪。西周是十分重视礼仪的,周礼制非常正规而繁杂，而东夷文化所在之地，民风比较开放，对于周礼并不是十分接受，再加上自然环境比较恶劣，如果强迫百姓遵循周礼，百姓会有很强的逆反心理，不利于国家的安定和发展。所以姜太公选择了最适合当时齐国发展的方针，以安定国家和发展经济为第一要务，重视当地的风俗，推行因俗简礼、因地制宜之策。

2. 尊贤尚功

姜太公意识到，想要缓和与夷人势力的矛盾，扎稳政治根基，必须缓和齐国新贵族与殷人旧部及东夷土著之间的矛盾，为此他采取了"尊贤尚功"的用人政策，从各个群体中选择贤能之人充实国家统治机构，《汉书·地理志下》曰："昔太公始封，周公问'何以治齐？'太公曰：'举贤而上功。'"所谓"举贤而上功"，就是尊重和任用贤能人才，推崇建功立业。这种举贤措施在一定程度上超越阶级等级的局限，注重实效，是非常先进的思想和政策。尊贤尚功的用人政策开启了齐国良好开明的政治风气，对后世的选人用人机制产生了深远影响。同时这一务实和崇尚功利的思想也包含了对追求财富的肯定，使其运用于工商业发展领域，对于造就齐地浓厚的重商传统具有重要作用。

3. 通商极巧

开明的工商业政策，是齐国经济崛起的最为重要的原因。齐国建国之初，地荒人少。据《六韬·文韬·六守》记载：姜太公封齐建国后，为弥补农业谷粟的不足，提出了"大农、大工、大商，谓之三宝"的经济理念，倡导因地制宜，鼓励扩大桑麻等经济作物的种植，提出了"通商工之业，便鱼盐之利""劝其女工，极技巧"等政策，极大地推动了齐国工商业的发展。在政策的推动下，齐国的手工业门类齐全，制陶业、纺织业、冶金业全面发展，在官营商业依旧兴盛的同时，私商也已经成为一支潜在的社会力量，许多外地商人也被齐国的政策所吸引前来经商，使得齐国的农、工、商各业呈现出全面繁荣的景象。至西周后期，齐国已经成为国力强盛、经济富庶、商业发达的大国。齐国经济的崛起，极大地抬升了其在列国间的政治影响力，西周末年至春秋初期，齐国的商品经济十分繁荣。而在政治上，庄公与釐公业已主盟诸侯，形成齐国小霸的局面，为后来实现"春秋五霸"打下了坚实基础。

姜太公的诸多政策，体现出齐文化的多元思维，齐国在传承周文化"重农"的基础上，又不局限于单一的发展模式，而是传承东夷本土沿袭下来的商业因素，进一步结合齐国的自然条件，制定出鼓励工商业发展的政策，确立了齐国的重商传统。其尊贤上功、通商极巧的思想，都是齐商文化确立的源头。齐商文化塑造了齐国尚功重利、开放务实、多元兼容的大国气质，是齐文化最为重要的组成部分和激活因素。

4. 国之"三宝"

《六韬·文韬·六守》言："大农、大工、大商谓之三宝。"意思是，农业、工业和商业，就是国家发展的三大宝贝。使农民聚集于一乡，那里的粮食就丰足了；使工匠聚集于一乡，那里的器具就充足了；使商人聚集于一乡，那里的货物就会囤积充足了。"三宝"各得其所，百姓就不会焦虑不安。不扰乱他们的乡，不破坏他们的家族，国家就可以昌隆。"三宝"能够齐全完整，国家就会安定。将自然经济与商品经济有机结合，重农但不轻工、商，农、工、商并重，这是富民强国的大计。

先秦时期，往往将"工"和"商"并称，如"工商食官"等，主要是因为在商品经济发展的早期，"工"并非工业，而指当时的手工业；而"商"也并非独立存在的商业，它是从农业和手工业中分离出来的，严重依附于农业和手工业而存在的。当时的商业还只是满足人们生活的基本需要，而不是以牟利为目的，也无法单独开展商品生产，只是一种贩运买卖活动。对于手工业而言，需要有专门的人群与商业活动来完成交易，也就是说，"工"对于"商"也有着强烈的需求，因此"工"与"商"是难以分离的。

正是因为姜太公的这些政策，使齐国的经济迅速发展。《史记·货殖列传》记载，当时的齐国"人物归之，繦至而辐凑。故齐冠带衣履天下，海岱之间敛袂而往朝焉"。意思是齐国生产的帽子、带子、衣服、鞋子满布天下，从沿海到泰山之间的诸侯以及百姓都端正衣袖前来朝拜齐国。可见齐国商业的强盛,以及它在诸侯国中尊崇的地位。齐商文化为齐文化开放务实、多元兼容等特质的形成发挥了重要的作用。

(二) 管仲的工商发展之策

齐桓公任用管仲为相,延续齐国建国之初的工商立国的方针,继续推进工商业发展,提出了一系列更加具体、更有实效的政策,将齐商文化推向一个历史的高峰。

齐桓公时期,名相管仲在齐国实行经济改革。管仲提出,"凡治国之道,必先富民"①"仓廪实而知礼节,衣食足而知荣辱"②"国有四维……何谓四维?一曰礼,二曰义,三曰廉,四曰耻"③,认为经济繁荣与礼义廉耻同等重要。管仲使齐国强盛起来的主要途径,不是靠发动战争,而是通过发展经济。《论语·宪问》记载,孔子曾因此评价管仲:"桓公九合诸侯,不以兵车,管仲之力也。如其仁,如其仁。"孔子称管仲的行为与成就为"仁",给予其高度评价。管仲十分擅长把握宏观,放活微观,打通关节,优化资源,盘活国内的各个领域。管仲的政策有很多,比如"四民分业"、"官山海"、鼓励消费和鼓励出口、提倡自由

---

① 李山、轩新丽译注:《管子》,中华书局,2019,第715页。
② 李山、轩新丽译注:《管子》,中华书局,2019,第2页。
③ 李山、轩新丽译注:《管子》,中华书局,2019,第4页。

贸易、大力招商引资、制定货币政策、差异土地赋税等，但这些做法并不孤立，而是环环相扣，渗透到了国民经济的各个方面，他的许多思想在两千多年后的今天依然充满智慧。

1. 进行职业化分工

顾炎武《日知录》卷七中提出："士农工商谓之四民，其说始于管子。"管仲将国民划分为士、农、工、商四种职业群体，即"四民分业"。他把不同群体按类别划分到不同的行政区，用现在的话理解就是对人们进行职业化分工。管仲把国分为了二十一个区域，其中工商业的区域达到了六个之多，可见在当时工商业的从业人口非常之多。当时工商业区相当于今天的"经济开发区"，工商业从业者都集中在这里生活和生产，不必参军打仗，为国家经济发展做出了巨大的贡献。

后世对于管仲的"士农工商"有着巨大的误解，认为这是一种社会阶层的尊卑排序，普遍认为士为首，农次之，工商为末。也就是说，读书人、知识分子排在第一等级，农民第二，工商业从业者是地位最低的。几千年来，这个认知就这样流传下来，几乎成了中国人的集体共识。但管仲的"四民分业"思想并非出于这一目的。

管仲提出"四民分业"的时候，"士农工商"中的士，并不是后世所流传的知识分子的意思，而是指军士，也就是上战场打仗的人。如前文所述，管仲的改革政策相互关联，互为助益，管仲的"四民分业"政策就是和军政改革的政策联系在一起的。管仲首先通过"四民分业",把人民分为四种身份,然后通过军政改革的政策,把齐国的都城划分为三个大的区域,分别给士、工、商三种身份的人居住,三个大的区域又划分为二十一个小的区域,其中"士"这个身份的人就占据了十五个,"工"和"商"又分别占据了三个。在《管子·小匡》中记载,这样划分以后,住在士这个区域的人,即齐国的专业军士,共有三万人。这部分人就是齐国的正规军。由此可见,管仲所提出的"士农工商"中的"士",就是军士,而不是知识分子。对于士的误解,是后世对于"士农工商"的误解之一。因此,"四民分业"是以知识分子为尊、工商为末的阶层排序这一说法就更加难以成立。

管仲是商人出身,早年经过商。在中国历史上,做到国家级干部的这类人里,商人出身的人屈指可数,而管仲就是其中之一,所以在他的思想体系中,商业思想是非常重要的一个部分。管仲改革,振兴齐国的一系列思想和举措,归根到底是商人的办法。所以在中国历史上有人把管仲称呼为"国商",也就是站在国家层面的大商。《管子·小匡》记载:"士农工商,国之石民。"意思是说,"士农工商"这四种人,是国家运转的支柱和基石,都是非常重要的。

管仲的四民分业,并非给阶层排序,他的真正目的,是大力发展制造业。生活在今天的我们非常清楚制造业对于国家的重要性,说到底,当代国际的贸易战争,其实就是国家与国家的制造业之争。纵观世界工业的发展史，凡是工业强国，都是技师、技工的大国，所以近年来，国家开始了大力发展职高教育的政策调整，提出把职业教育放到与普通教育同等重要的位置，为的就是大力培养国家的高级制造业人才。同样的道理，在春秋这一列国争雄的态势之中，制造业同样是强国的基础，管仲也清楚地认识到了这一点，所以他提出了"四民分业"这一职业分工的举措。这样做除了便于管理，还有很大的益处：第一，是同行业的人在一起，可以加强技术和经验的交流，人们在互相切磋中提高技水平；第二，是营造良好的专业氛围，当身边的人都是同样职业的人，就可以使百姓安心地从事自己的工作，不会因为看到别的行业很好，就突然见异思迁，轻易改行；第三，可以形成一个稳定的行业群体，父子间言传身教，有利于专业技术和技能的传承；第四，就是大家对市场上同类商品的情况，比如货物的多少、价格的高低、品质的好坏都比较了解，这样就利于促进商品的生产和流通。由此可见，管仲的"四民分业"，实质上是在保护和促进工商业的发展，而并不是阶层划分、职业歧视。

管仲提出四民分业定居的治理措施，客观反映出春秋时期齐国自由工商业者已经大量涌现，旧有的社会阶层和人员结构发生了很大变化。四民分业定居这一政策的实施对齐国的经济发展和社会稳定发挥了积极作用，十分有利于国家对土地和人口进行统一规范化的管理，能达到"定民之居，成民之事"①的目的，维护社会的稳定，推动经济发展。这一思想是对齐国"通商工之业"的历史传统的继承与发展，反映出齐国的重商倾向。

2. 开展宏观调控

管仲时期，提出了著名的"官山海"政策。"官山海"是指由国家设置官员、机构控制山林川泽等自然资源的财政经济思想。"官山海"中的"山海"，意是"山海之藏""山海之业""山泽之利"，主要指藏于大海中的食盐和藏于山岭中的铁矿等重要资源。由于盐、铁是人民不可缺少的生产资料和生活资料，直接关系到国计民生，国家控制山海森林等自然资源，就可以控制住国家经济命脉。所以说"官山海"就是实施盐业、铁业的国家垄断性经营，实施食盐和铁器的国家专卖政策。

"官山海"在历史上的影响非常深远。从春秋时代的齐国开始，以后历经各个朝代，都沿用了这个政策，并且官营品种的范围也逐步扩大。从西汉到清朝，国家经营的范围，由盐、铁扩大到酒、醋、茶、香料、药材和矾等，各代不完全一致，时有增减。即使是现在，许多国家仍会对很多重要的稀缺资源进行控制，这种做法对国家来说大有益处，是国家经济调控的有力工具。

"官山海"的具体做法是允许民间生产包括盐、铁在内的山海之利，但产品由国家收购和销售。它包括官办官营

---

① 李山、轩新丽译注：《管子》，中华书局，2019，第369页。

和官办民营两种形式,前者是国家生产、国家销售;后者是由百姓进行生产,国家进行收购和销售,国家和老百姓按比例分成。据《管子·轻重甲》记载,管仲认为制盐不可以影响农业生产,因此,明确规定每年十月至正月为制盐时间,到了农忙时候让人民专心从事农业生产。国家操控盐价,出售食盐,寓税于价,从价格中"阴夺其利",不必直接从老百姓手里收税,避免与百姓的利益发生直接冲突,是比较容易被人民接受的,极大地保护了百姓从事生产的积极性。

齐国对铁的管控方式,是由国家开矿冶铁,交给百姓生产,国家根据自然资源属于国家的原则向生产者征收租税,老百姓要租国家的原材料进行冶铁,生产出来的产品,由国家统一收购和销售。在这个过程中,国家和百姓按比例分成。

此外管仲提出,对森林等其他自然资源,国家也要加以控制。《管子·轻重甲》中记载,山林里产木材,"故为人君而不能谨守其山林、菹泽、草莱,不可以立为天下王……山林、菹泽、草莱者,薪蒸之所处,牺牲之所起也。故使民求之,使民藉之,因此给之"。

应该说"官山海"的做法是非常智慧的,由民间生产而由国家专卖,是国家与商人互惠互利的事情。其一,让很多百姓参与生产,有利于促进国家的工商业发展。其二,国家集中力量生产,保证了人民的生活需要,盐和铁都是生活离不开的物资,这样就使得这些必需的物品有了保障。

其三，让百姓得到利益的同时，又增加了国家财政收入。百姓得到实惠，国家也增加了财政收入。这种盐铁专卖的禁榷制度，乃管仲所首创。它也成为我国历代封建王朝的基本国策，直接影响着国民生活两千多年，为中央政权提供了充盈的收入，对几千年来中国的稳定统一和在重大灾难面前的抗击能力起到了不可估量的保障作用。

3. 推动制造业发展

管仲十分重视鼓励、引导和扶持家庭手工业的发展。春秋时代，随着"工商食官"旧格局的打破，"不为官工""不为官贾"的私人工商业者大量出现，以"男耕女织"为基本模式的家庭手工业迅速发展。对此，管仲采取了鼓励并积极引导的方针。

管仲从理论上论证了手工业的发展与国家强弱的关系。他认为，要征服天下，财力不压倒天下，不能征服；财力压倒天下，而工艺不压倒天下，不能征服；工艺压倒天下，而生产工具不压倒天下，不能征服。管仲认为，要聚集天下最好的物材，研究各种工匠的器具，包括兵器。

此外，管仲还有一些推动手工业发展的政策。他主张加强质量管理，严格掌握技术标准。《管子·立政篇》指出，必须严格考核各种工匠，对生产制作的各个环节严加把关，鉴定产品质量的优劣，要求保证产品完全合乎标准，这就是所谓的"工师之业"。

另外，管仲主张通过贷款等手段扶持家庭手工业。据《管子·轻重甲》记载，管仲曾建议桓公，要国家拨给地方政府一笔钱，春天开始养蚕时贷给老百姓做本钱，购买口粮和养蚕工具，到收获时，再以丝代钱偿还给政府。用这种方式鼓励人们开展手工业生产。

在鼓励手工业发展的同时，管仲提出了禁止奢侈浪费的主张，他认为如果工匠只顾"竞于刻镂"，女工一味"繁于文章"，就必然放弃农业生产，伤国之本，他的这一主张是引导手工业生产向有利于国计民生的方向发展。

4. 倡导贸易兴国

管仲充分认识到市场的巨大作用，在《管子·乘马》中提出"无市则民乏"，意思是如果没有市场，人民的物质生活就很贫乏。同时，管仲还认识到市场对于治理国家的重要性，在《管子·乘马》中提出："市者可以知治乱，可以知多寡"，也就是说，通过市场的行情可以知道国家是安定还是混乱，可以知道国家物资的盈余和匮乏。因此，管仲大力发展市场经济，倡导贸易兴国。

《管子·乘马》记载："方六里命之曰暴，五暴命之曰部，五部命之曰聚。聚者有市，无市则民乏。"意思是方圆六里的地方命名为"暴"，也就是村落，五暴命名为"部"，五部命名为"聚"。每聚都要有集市，没有集市人民的用度就会缺乏。因此，齐国建立了很多集贸市场，在齐国首都临淄内出现了水产街、木材街等专业市场街区。设立市场以后，为了规范市场秩序，管仲颁布了专门管理市场的法律，也设置了管理市场的机构和人员。1972年在临沂银雀山一号汉墓出土了一部竹简，叫作《守法守令等十三篇》,内容是齐国的各种法律法规,是目前研究齐国的重要法律资料,其中的第五篇《市法》是齐国颁布的管理和保护市场的法律,也是我国最早关于市场的设立和管理的法律。同时,齐国还设立了管理市场的官员,叫作"市掾"。《史记·田单列传》记载:"湣王时,单为临淄市掾,不见知。"说的是田单曾任临淄的市掾。可见,两千多年前,齐国的市场已经非常规范了。

除了规范市场,管仲还实行了税赋差异化,最大限度地保护私商的利益,推进商品经济流通。管仲为了发展贸易,减低了田租、市场税、关卡税的税率,税率低至"五十而取一""关赋百取一",五十分之一,一百分之一。甚至在某个时期,对某些商品干脆免税。此外,为了招商引资,管仲取消了复征税,即征收了进口税的就不再征收交易税,征收了交易税的就不再征收关税。

管仲设置了早期的免税区——固定的几个关口不征收税。此外,齐国还会盟各国诸侯,达成关税协定,建立起区域经济的关税同盟体。这些做法在如今的国际贸易中依然盛行。齐国这种优惠政策,无疑会受到各诸侯国客商的欢迎,据《管子·轻重乙》描述,这使得"天下之商贾归齐若流水"。

除了制定相关政策吸引外商到齐国开展贸易之外,管仲还充分利用轻重理论,即商品与商品、商品与货币之间的双向调节关系,以及货币数量和商品价格之间的关系,积极拓展与其他诸侯国的贸易,通过贸易的形式,使各国的粮食、黄金等重要的战略物资流入齐国。

齐国盛产食盐,而食盐是重要的生活和战备物资,于是管仲将食盐作为齐国赚取外资的重要商品对外出售。据《管子·轻重》记载,当时梁、赵、宋、卫等国都是缺盐的国家,齐国便大张旗鼓地令百姓制盐。管仲认为,齐国既拥有渠展的盐产,就应该下令让百姓煮盐,然后由政府征收囤积起来,然后卖到梁、赵、宋、卫和濮阳等地。齐桓公同意了管仲的办法,把盐卖了出去,从各国挣来了大量的财富。齐国的手工业商品十分丰富,生产技艺也十分精湛,因此手工业商品也是齐国对外贸易的重要商品,可用以与各国交换本国紧缺的物资。

管仲十分擅长利用国际市场物价的高低来开展外贸活动,他的主张是,要保持与诸侯国之间的物价平衡,最好是将价格调整到一定高度,使本国物资不流出,而让外国物资流入本国。《管子·地数》言:"夫善用本者,若以身济于大海,观风之所起。天下高则高,天下下则下。天高我下,则财利税于天下矣。" 管仲认为,如果国家富有,财物繁多,但不能经营掌握,那么财富将被天下各国捞取;如果粮食丰产,本国的价格低而别国的价格高,那么粮食将被天下各国捞取。那样,本国百姓就成为天下各国掳掠的对象了。善于治国的人,要像大海行船一样,观察风势的起源,天下各国粮价高,我们就高;粮价低,我们就低。如果天下各国粮价高,而本国独低,本国的财利就将被天下各国捞取。将本国与和各诸侯国的粮食做对比,如果他们的粮价是十，而本国的粮价是二十，那么各诸侯国的粮商就会把粮食卖到价格高的本国。如果他们是二十，本国是十，那么本国的粮食就流归各诸侯国了。所以，善治天下者，必须严守价格流通政策，使各诸侯国无法泄散本国的粮食。粮食向高价的地方流动和聚集，就像水往低处流一样。《管子·轻重乙》也有记载："滕、鲁之粟釜百，则使吾国之粟釜千。滕鲁之粟四流而归我，若下深谷者。"意思是说，滕国和鲁国的粮食每釜一百钱，假如本国的粮价提高到每釜一千钱，滕鲁的粮食就会从四面流入本国，有如水向深谷流一样。

此外，管仲提出了以高价引进本国紧缺物资的观点。管仲认为，如果想得到紧缺的物资，要高价购买，他的市场价是五块，那我六块买；如果市场价是九块，就十块买。至于高出多少，要根据情况而定。

5. 鼓励招商引资

为了吸引外商到齐国经商，管仲大力倡导发展与国际商贸相匹配的服务行业。管仲为迎接外宾，修道路，建驿站，还建立了迎送外宾的制度。在《管仲·轻重乙》中明确地记载了管仲是怎样为外商提供服务的，带四匹马、一辆车来的外商，可以免费吃饭；带十二匹马、三辆车来的外商，可以免费给马提供草料；带二十匹马、五辆车来的外商，除可以免费吃饭外，还专门为其配备五个服务员，供外商差遣。《管子·大匡》记载，每三十里路要设置一个驿站，在驿站中贮备一些食品，设立官员进行管理。诸侯各国的人来到齐国，要派专门的服务人员为其运输行装；如果来者需要住宿，则要派人替他喂马并准备食品。来客与管理者各执一张凭证，拿这个凭证可以享受服务。假如待客礼仪有所不周、收费数目有所不当，管理者将被治罪。这些政策既为外宾提供了便利，又保证了他们的人身和财产安全。因此，各国商贾纷纷来齐经商。管仲为了招商引资，采取了许多丰富多样并且十分灵活的措施。

招商引资的目的是繁荣本国的市场经济。《管子·地数》记载："夫齐衢处之本，通达所出也，游子胜商之所道。人求本者，食吾本粟，因吾本币，骐骥黄金然后出。"齐国的海陆交通发达，应运用得天独厚的自然条件和地理优势，招揽外国的宾客。外商到来后，要吃齐国的粮食，使用齐国的货币，因而齐国可以在外商的高消费中获利。

同时，管仲非常清楚人才的重要性，不仅给予外商人优厚的待遇，还高薪引进国外人才，当时各国的能工巧匠纷纷来到齐国进行创业。由此可见，管仲是中国历史上名副其实的"双招双引"的鼻祖。

在齐国特有的历史、自然和人文条件下，在齐国统治者注重工商业发展的战略和政策的支持下，齐国的商品经济空前繁荣，使"天下之商贾归齐若流水"，临淄当时成为最大的商业贸易中心。到战国时期，齐国的工商业已经到达了顶峰，临淄城人口达到了二十万，形成了"车毂击，人肩摩，连衽成帷，举袂成幕，挥汗成雨，家敦而富，志高而扬"的景观,《史记·货殖列传》记载:"临淄亦海岱之间一都会也。"齐商文化达到了顶峰。齐商文化的繁荣,使齐国人的精神面貌呈现出豁达、疏朗、大气的状态,齐国也因此彰显出大国风尚。

第二节 春秋战国时期齐商的发展

齐商文化的巅峰时期是春秋战国时期,它在这一时期迅速崛起。应该说,从春秋战国到秦汉,是齐商文化发展的黄金时代,同时也是中国商业文化史上的第一个繁荣时期。

齐国作为春秋五霸之首、战国七雄之一,在其存续期间一直以大国姿态出现。春秋时期,齐桓公九匡诸侯,成为一代霸主,之后的齐国一直是春秋列国中最有实力的国家之一。战国时期,齐国也始终位列大国之中,起初打败魏国成就霸主地位,后期与秦国长期东西对峙,并称"东帝""西帝",实力相当,是列国之中最后一个为秦国所灭的国家。齐国能够保持长期强盛,其中一个至关重要的原因,就是它的工商业非常繁荣发达。齐文化素来以开放、务实、多元、变革著称,在先秦时期彰显出强大的生命力。而齐文化中最为重要,也最能体现出齐文化核心精神的,就是齐国的工商文化。齐商文化是齐文化的一个十分重要的激活因素。

先秦秦汉时期,齐地商品经济一直居于领先地位。如前文所述，齐国商业的兴起，与其地理环境有直接关系。齐国经济发展受限于沙质土壤，这种情况下单纯靠农业发展难以迅速强盛起来，而同时国内以桑麻、鱼盐见长，地广人稀的条件，极其适合发展桑麻等经济作物的种植，因此齐国统治者因地制宜，在发展农业的同时，以经营工商业作为出路，开始大力发展鱼盐业和手工业。齐国历代君主的重商政策，营造了一个宽松的商业发展空间，为工商业的迅速发展提供了有力保障。齐国统治者相继推行了一系列鼓励工商业发展的具体措施，如《史记·齐太公世家》所记载的，吕尚封齐建国，利用自然资源的优势，"劝其女功，极技巧""通商工之业，便鱼盐之利"，建构了一个崭新的濒海工商经济发展模式，这种模式对齐国后来的经济发展具有非常重要的意义和影响，使齐人具有灵活敏锐、审时度势、通权达变的经济思维，也在一定程度上拓宽了齐国的政治格局和文化心态。事实证明，齐国的开放型经济，确实达到了强国、富民的目的，齐商文化在春秋战国时期呈现出繁荣发展的态势。在齐国的市场上，商品种类非常丰富，齐国出产的鱼、盐、漆、布、帛等，花色品种非常多，以致"齐冠带衣履天下，海岱之间敛袂而往朝焉"，齐国成了东方大国。齐桓公时，管仲实施改革，采取了一系列政策措施，鼓励贸易，招徕外商，致使"天下之商贾归齐若流水"[1]，为齐国"九合诸侯，一匡天下"奠定

---

[1] 李山、轩新丽译注：《管子》，中华书局，2019，第1071页。

了雄厚的经济基础。晏婴为齐相时,延续了曾经的工商管理政策,令工商业坚守其业,维持了工商业的稳定发展。直至战国,齐国重视发展工商业的传统,使其工商业仍旧十分发达。

古代商业的发展水平一般从商品、市场、商人、货币以及城市的繁荣程度等方面体现,同时,海外贸易也是商业发展的表现之一。齐商文化的发展水平也大致通过这些方面得以体现。

其一,商品种类和数量都十分丰富。齐国市场上流通着鱼、盐、布、帛等各种商品,到战国时期,随着列国间贩运商业的发展,各国的珍稀物品都可以在齐国市场上出现,如北方的"走马吠犬"、南方的"羽翮齿革"、西方的"皮革文旄"等都成了齐国市场的贵重商品。其二,商品的交换促进了货币的发展。战国时,齐国的刀币已成为一种"国际性"货币,流通于齐、燕、赵等国。其三,随着工商业的繁荣,齐国的国力日盛,临淄城逐渐成为当时的国际大都市。根据《战国策·齐策一》中"临淄之途,车毂击,人肩摩,连衽成帷,举袂成幕,挥汗成雨"的记载,西汉时,临淄城繁华依旧。据《史记·齐悼惠王世家》记载,主父偃向汉武帝描述临淄人口有十万户,一天的税金就达千金,可见临淄商业的发达。王莽时期称临淄为"东市",成为与长安、洛阳、邯郸、宛、成都等齐名的大都市。这些均是齐国商业繁荣的真实写照。其四,出现了富商巨贾。随着商品经济的发展和列国贸易的开展,齐国出现了依靠做生意而致富的大商人，历史上最为著名的，当数范蠡。《史记·货殖列传》记载，范蠡在弃官后"游于江湖"，到齐国经商，变名鸱夷子皮，后迁至陶地，称"陶朱公"，他经商"十九年之中三致千金"，又乐善好施，多次散尽家财帮助贫苦之人，被后世誉为"财神"。西汉时期，齐地还出现了一个巨商，名叫"刁间"，他"逐鱼盐商贾之利"，在商业经营活动中大胆使用奴虏，并给予他们很好的物质优待，因知人善任，最终"起富数千万"。这些景象的出现，均说明春秋战国时期齐国工商业的发展达到了较高的水平。

一、春秋时期齐商的发展

春秋时期是我国古代社会变革转型的过渡时期。从西周中后期开始，社会经济发生了很大的改变。这一时期铁器的广泛使用，是社会生产力发展的重要标志之一。《管子·海王》说，齐国"一女必有一针一刀""耕者必有一耒一耜一铫"。由此可见，铁器对社会生产和生活已具有相当重要的意义。除了铁器，人们还开始使用牛耕。《国语·晋语》记载："宗庙之牺，为畎亩之勤。"意思是说，原来用于宗庙祭祀作为牺牲的牛，已经用于田间的耕作上了。由此足证春秋时期牛耕已经作为一种先进技术得到了重视。生产力的发展，使个体小农业生产具备了可能性，大量奴隶逃亡经营私田，井田制逐渐瓦解，这必然导致原本的工商业制度，也就是"工商食官"制度被破坏。官商渐衰的同时，自由经济得到了显著发展，自由商人大量涌现。许多原来从事其他工作的不同身份的人,都加入私商的行列之中。一些原来为官府和贵族服务的官商制度下的手工业劳动者,摆脱了"工商食官"的束缚,成为独立商人;一些曾经的官营商业中的官员,也独立做起了私商的生意;一些失去土地的农业人口,转向了手工业和商业领域;此外还有一些士人、没落的贵族、原本出身低贱的大商等多种身份的人,纷纷成了私商。私商的兴起成了这一时期的一大特点。同时,列国统治者为了强国的需要,在各国推进支持工商业发展的政策,商品经济空前繁荣。如《国语·晋语四》载,晋文公创霸业时,采取"轻关易道,通商宽农"的政策。《左传·闵公二年》载,卫文公时实行"通商惠工"的政策等。列国之中出台工商业政策最为全面、效果也最为显著的,当数齐国。齐桓公任用商人出身的管仲为相,以"通商"为国策。《国语·齐语》言:"通齐国鱼盐于东莱,使关市讥而不征。"这使得"天下之商贾归齐若流水"。《史记·货殖列传》称赞说:管仲这样做,使"区区之齐在海滨,通货积财,富国强兵",实现了九会诸侯而一匡天下,成为春秋时期首先称霸的诸侯国。这一时期,自给自足的自然经济占据主导地位,诸侯国林立,群雄割据,使地区之间的商品流通受到一定的限制,但这些依然不能阻止商品经济发展的必然趋势。城市的发展、交通的便利,使物资得以在更大范围内顺畅流转,商品经济以惊人的速度向前发展,达到了前所未有的水平,可以说这是中国历史上商业的第一次飞跃。

春秋时期的齐国，凭借桑麻和鱼盐的优势，形成了规模化的商品生产和商品贸易，商品经济较为繁荣。《史记·货殖列传》记载："齐、鲁千亩桑麻。"说明当时丝麻类纺织品种类繁多，制作精美，名冠天下。《管子·轻重甲》记载："齐有渠展之盐。"这证明了齐国的盐业资源十分丰富。商品经济的进步，扩大了市场容量，也促进了城市的发展。春秋时期出现了许多城市，据《春秋》记载就有五十多处。当时著名的城市有东周的洛邑（今洛阳）、齐国的临淄（今山东淄博市）、晋国的曲沃（今山西侯马）、楚国的郢都（今湖北江陵）等，临淄位居其一。临淄城的规模十分可观，据考古发现，故城总面积达到十五平方公里，大小城相连。

春秋后期，齐商之中出现了具有代表性的、对后世影响深远的大商人范蠡。他辅佐越王勾践成就霸业后，急流勇退，在齐地营商，由于经营得力，累计巨额财富。此外，春秋时期，齐国出现了金属铸币，即齐国的姜齐刀币。地方货币的出现在一定程度上反映了齐国商品经济的发展状况。

春秋时期，齐国的商业发展集中在大城市，一方面得到了统治者的重视，因而有了巨大发展；另一方面，统治者也加大了对商人的搜刮和盘剥，商人承受的赋税很重。同时，此时齐国的农村地区还较为落后，小农经济占据主导，城市与农村之间较为疏离，导致商品交易只在城市内部进行，在一定程度上限制了商业的发展。

二、战国时期齐商的发展

到战国时期,铁制生产工具的使用更加普及,已经取代了青铜器具,耕种技术也显著提升,此外,多国兴修水利灌溉农田,其中最著名的有都江堰和郑国渠等,都是古代水利发展史上的重要成果。铁制工具的使用和水利事业的发展使粮食的生产量极大提高。《战国策·齐策一》记载,齐国"地方两千里,带甲数十万,粟如丘山"。手工业也更加先进,如冶铁、煮盐等与国计民生有重大关系的行业的生产规模不断扩大;制陶、纺织、皮革等行业有了较大的发展;漆器、砖瓦成为新兴的手工业部门;铜器的工艺更加精进,花纹细腻,精巧生动。随之,地区之间的物资贸易迅速开展起来,各地的特产在列国之间进行贸易,根据《史记·货殖列传》的记载,当时的列国出现了"贾郡国,无所不至"的现象。

齐地在春秋时期已经成为重要的商品经济区,至战国时代,虽然诸侯国之间频繁的战争对社会经济产生了很大的破坏作用,但就整体而言,齐国本土没有遭受过破坏性过大的军事战争的破坏,因此社会经济发展较为稳定,工商业发展依旧呈现上升趋势。农业方面,铁制农具更加普及,牛耕技术广泛推广,出现了"粟如丘山"的景象。手工业方面,冶铁业十分发达,齐都临淄是当时最大的冶铁中心之一。目前考古发现,齐国故城遗址中有多个冶铁遗址。强盛的工商业使齐国的综合国力如日中天,并跻身战国七雄之列。

战国时期列国之间产生了布币、刀币、贝币和圜钱四大货币体系，齐国刀币位列其一，并流通于燕赵等国，佐证了齐国工商业的进一步发展和商品贸易交流的扩大，同时也从一个侧面展现了齐商文化的影响力与辐射力。

随着齐国工商业的空前发展，其城市规模也不断扩大，城市人口也出现了急剧增长。《战国策·赵策三》记载，春秋时期各诸侯国"城虽大，无过三百丈者；人虽众，无过三千家者"，说的是春秋时期较大的城市也不超过三百丈，城市人口再多，也不超过三千家。但到了战国时期，临淄城发展的速度非常快，成了规模巨大的"国际都市"，显示出大国都城的繁荣。除齐都临淄这样的大城市以外，齐国的中小城市也兴盛发展起来。《战国策·齐策一》记载："今齐地方千里，百二十城。"意思是如今齐国有方圆千里的疆土，一百二十座城池。由此也可以看出，齐国的城市已经较为普遍，且具有规模。

战国时期齐国工商业的一个显著特点是职业齐商群体正式崛起。他们在列国之间的商品贸易交流中发挥重大作用。齐商辗转于列国之间，开展贩运贸易，互通有无，扩大了商品贸易范围，也因此使得齐国出现了市场上"走马吠犬""羽翮齿革""皮革文旄"无所不有的繁华景象。自春秋后期直至整个战国时代，是我国古代商品经济发展的第一个高峰期，齐商力量发展壮大。根据《史记·货殖列传》的记载，上者"富至巨万"，甚至"国君无不分庭与之抗礼";下者"坐列贩卖",而所获丰盈。这些都反映出战国时期齐商群体经济地位和政治地位的提升,以及他们所具有的重要作用。

但需要说明的是,春秋战时期的商品经济,并不是我们今天所说的真正意义上的商品经济,它是自然经济条件下的产物,仍然依附于自然经济而存在。所谓自然经济,就是以耕织结合的小农经济为基础和主体的经济形式,而所谓的商品经济,则是以商品生产和商品交换为主要内容的经济形态。从生产的角度来说,此时的商品经济依然依附于农业和手工业产品,其产品生产并不是以贸易为目的。从经营的方式来说,当时的商业活动更多地向贩运贸易发展,且经营范畴十分狭窄,基本以珠玉等奢侈品为重点。这说明此时的商品经济还受到很大程度的限制。自然经济还居统治地位,这种情况在古代商业史上延续了很长的时间。

第三节 春秋战国时期齐国的海外贸易

一、海上丝绸之路的重要枢纽

"丝绸之路"最初的含义,主要指的是以丝绸为主要货物的贸易通道,后来被引申为包括贸易和文化等多方面交流的交往路径。"丝绸之路"最初主要指自汉武帝时期开辟的以长安为起点,通往中亚、西亚,远达地中海的陆上贸易和文化通道。后来随着中国古代海上贸易研究的日益成熟，北京大学教授陈炎先生提出了"海上丝绸之路"的概念。陈炎先生在《海上丝绸之路对世界文明的贡献》中说："日本在西海岸发掘出的中国春秋时期的青铜铎350件，与朝鲜出土的完全相同。这说明，早在2700年前，中国的航海先驱者，已经开辟了从山东半岛出发，经朝鲜半岛，再东渡日本的航路，并把中国文化传入朝鲜和日本。"可见，齐地是海上丝绸之路中的重要环节。早在春秋时期，齐国就已经南通吴越，东通朝鲜，开始了海上贸易，成了"海上丝绸之路"的重要枢纽，比汉武帝时期的"陆路丝绸之路"早了至少500年。

齐国自立国之初就奉行"农工商三业并举"的治国之策，在春秋前期已经发展为诸侯国之中的强国，并且成为东方地区的贸易中心和商品集散地，时谓"天下之商贾归齐若流水"。齐国的纺织业素有"齐冠带衣履天下"的评价，齐国的丝织业非常发达，人民多用彩色丝绸、布帛，其丝绸产品销往各地，丝绸成了齐国出口各国的主要货源之一。到了战国时期，纺织技术更加先进，布帛、丝绸的花色更加精美。齐国不仅能生产出罗、纨、纱等大批丝织品，而且能生产出更加精致的锦帛缟缣、文秀纂组等近二十种精品。产业的优势、先进的技术、开放宽松的政治和营商环境，加之临海的地理优势，使得齐国在春秋时期就开始了与海外的商贸往来。

此外，齐国不仅在实践上实行开放通商的政策，而且在思想文化上也同样实行对外开放的国策。《管子·牧民》

提出了"毋曰不同国，远者不从"，意思是说不要因为不同国度，就不采纳外国人的经验。随着商业的发展，齐国的文化也十分开放，齐人邹衍提出了著名的"大九州说"，大意是人们所认为的中国，只是八十一分之一而已，而真正的中国九州，非常之大，只是被山川大海所阻隔，不同州之间的文化和习俗也并不相同。这一学说的产生，既根植于繁荣开放的商品经济之中，又对当时齐国对外贸易的开展有所鼓舞和推动。不得不说，商品经济的繁荣和文化的开放都为齐国与海外开展贸易提供了条件。

　　从史料记载和考古发掘来看，在史前时期，山东半岛、辽东半岛和朝鲜半岛三个半岛之间就有交通往来，可见山东半岛的海外贸易已然存在。春秋战国时期，从山东到江浙一带沿海地区是我国航海活动最发达的地区，而山东半岛的海上贸易当以齐国为中心，齐国也被称为"海王之国"。《说苑·正谏》载齐景公"游于海上而乐之，六月不归"。《韩非子·外储说右上》也载："景公与晏子游于少海。"少海，即渤海。古籍文献的这些记载充分说明齐国的势力已经扩展至山东沿海一带，并且可以推断，齐国应当是有较强的造船技术和出色的航海能力的。《战国策》也有记载："秦攻燕……齐涉渤海。"说的是在战国时期，齐国已经可以派遣大批船只成规模地越过渤海，也证明当时它在航海安全技术问题上已经有了一定的保障。开放的贸易政策、优越的地理位置、独具优势的鱼盐和纺织产业，以及发达的造船和航海能力，都为齐国的海外贸易奠定了坚实基础，也使齐国成了"东方海上丝绸之路"的最重要的枢纽。

二、齐国的海上贸易

结合文献和考古材料可知，春秋战国时期的齐国已经与朝鲜发生了海上贸易活动。这一时期的朝鲜一般被称作"箕氏朝鲜"。"箕氏"得名于"箕子"，相传，箕子是商纣王的叔父，殷商灭亡后，箕子率部分商朝遗民东迁至朝鲜半岛，联合当地居民建立了箕氏侯国，并得到周朝承认。《管子》一书中明确记载了齐国与朝鲜国往来的资料。《管子·揆度》记载，齐桓公向管仲询问适合用作珍贵货币的七种物品是什么，管仲的回答中提到了朝鲜出产的文皮，也就是带有花纹的兽皮，可以作为其中之一。可见文皮在当时被视为十分珍贵的商品，并且极有可能是从朝鲜贩运到齐国的重要商品之一。《管子·轻重甲》也记载了齐国与朝鲜商业往来的情况，齐桓公担心四夷不臣服于齐，询问管仲有何应对之策，管仲则向齐桓公提出了他的策略，即以经济交往和商贸往来作为手段，与吴、越等国开展贸易往来，交换各自的宝贵特产，从而达到睦邻友好的目的。

在考古领域，齐国与朝鲜的贸易往来得到了证实。《古代中朝丝绸文化的交流》一书中提出，公元前5世纪左右中国丝绸就已经传到了朝鲜。而韩国上林里遗址曾出土了三把直刃青铜剑。《汉代以前山东与朝鲜半岛南部的交往》一书认为,这些铜剑的款式皆为战国时期齐国的款式,被认为来自齐国。此外,该书还提出,韩国金海市良东里遗址曾出土一件铜鼎和一串包括两颗水晶珠的项链,该铜鼎属于战国时期的齐式铜鼎,而以水晶作为饰物在朝鲜十分少见,但在齐国却已经成为大宗的产品,所以认为其物也来自齐国。可见,齐国与朝鲜半岛之间的海上文化交往和经贸活动很早就已经开始了。

中国早期有很多文献都提到过"倭"字,"倭"是我国古代对日本的称呼。《山海经·海内北经》记载:"盖国在钜燕南,倭北。倭属燕。"说的是盖国位于燕国的南边,倭的北边。在这里,不仅提出了日本的存在,还说到了日本的位置,可见中国与日本的交通往来是一定存在的。东汉王充的《论衡·儒增》提到"倭人"与周王朝的朝贡贸易活动,"周时天下太平,越裳献白雉,倭人贡鬯草"。可见在周朝时期,日本与中国已经有了朝贡贸易。

中日贸易在考古上也基本得到了证实。日本佐贺县的墓葬中出土了纺织品,而当时的日本还处于新石器时代,没有铜、铁和纺织品,这些纺织品的经纬线与齐地所产的丝绢极为相似。据专家推断,这可能是齐国商民为中日文化交流留下的原始记录。

三、齐国与东南沿海诸国的海上贸易

东南沿海的吴、越等国因近水而擅长舟楫。《史记·吴

太伯世家》记载吴国"从海上攻齐。齐人败吴,吴王乃引兵归"。《左传·哀公十年》也记载:"徐承帅舟师,将自海入齐。齐人败之,吴师乃还。"这些记载说明山东半岛与东南沿海地区的海上航线已经开辟。而《史记·越王勾践世家》中记载,越国打败吴国后,范蠡急流勇退,"乃装其轻宝珠玉,自与其私徒属乘舟浮海以行,终不反""范蠡浮海出齐,变姓名"。说的是范蠡离开越国,通过海上航线到达齐国,在齐国开始了经商生涯,三次达到千金之富,又三次散尽家财救济百姓,为后世盛赞,成为先秦齐商的代表性人物之一。

第三章

齐商文化的特点

齐商文化形成于西周时期,成熟并兴盛于春秋战国时期。春秋战国时期是齐商文化的黄金时期,在这一阶段齐商文化迸发出强大的生命力,也创造了宝贵的商业文化财富。但随着齐鲁文化的交融合流,齐商文化不断吸收鲁文化中的"德礼"思想,在秦汉时期其完成了内核的转变,自这一时期开始,齐鲁之地自西周起形成的以齐商文化为主导的"功利型"商业文化逐渐被以儒文化为主导的"道德型"商业文化所取代。齐商文化发生了巨大转型,其特点也产生了明显的变化。

第一节 齐国商业的特点

一、开放变通

"因其俗,简其礼"体现了齐国政治上的开放,"尊王攘夷"体现了齐国外交上的开放,"尊贤尚功"体现了齐国政府选拔人才上的开放,"通商工之业,便鱼盐之利"等政策则是体现了齐国经济发展上的开放。在齐国商品经济的发展上,开放的思想体现得尤为明显。

齐国的商业型经济,是一种开放型的经济,商业文化塑造了齐国的国民性格。《管子·轻重甲》言:"为国不能来天下之财,致天下之民,则国不可成。"意思是说只有吸引天下财富,招引天下的人民,国家才能生存发展。这段话所体现的正是齐商文化的开放变通。

姜齐建国伊始所面对的实际情况是土地不够肥沃、人口较少,但其靠近大海,因而鱼盐资源丰富;也因多山而具有充沛的桑麻之利;同时因其地处交通要道,便于贸易活动的开展,这些条件在客观上使齐国具备了发展工商业的条件。因此,姜太公从齐国国情出发,制定了"通商工之业,便鱼盐之利""劝其女功,极技巧"的基本国策,创造性地建构起了前所未有的濒海工商经济发展模式。齐国的经济发展格局,并不仅仅局限于齐国国内,而是以开放的视野,通过资源交换、商贸往来等方式,将齐国以外的许多诸侯国纳入了发展的版图之中。这种格局与模式一直在齐国延续下来,并对齐国的政治格局和文化胸怀也产生了巨大影响,齐文化的开放性和影响之强大为春秋战国时期其他各国文化所无法比拟。

春秋时期,管仲相齐,尽管这时齐国经过前期的发展,其内部和外部环境都发生了很大的变化,且农业生产已经较为发达,农业的经济基础地位更加牢固,但齐国依然延续姜太公倡导的"工商之业",并且在其基础上进一步发扬光大。管仲实施了一系列的经济改革,在金融领域,管仲将货币发行权收归中央,设立类似于今天央行的轻重九府,以控制货币流通,对商品价格和货币购买力进行宏观调控;在工业领域,大力发展制造业,管仲推行"四民分业"这一职业技能化教育模式,为齐国培育了大量专业技术人才,奠定了齐国制造业强国的基础;在商业领域,管仲跨时代地提出了"资产国有,承包经营",将盐、铁等重要物资所有权收归国家,把经营权承包给私营商人,这样不仅避免了官营的低效,还通过私营企业的竞争,有效地激活了市场;在对外贸易领域,管仲大力推行自由贸易,同时,齐国凭借强大的制造业对大量的商品出口免税,鼓励齐国产品出口至其他国家,并利用诸侯会盟,统一关税,形成一个统一的市场;此外,齐国为发展商贸,大力发展服务业,建立了良好的营商环境,使齐国成为当时的商业中心。这些开创性的政策和举措,无不体现了齐商文化开放、变通、务实、创新的特点。

据《史记·货殖列传》载:"(太公)其后齐中衰,管子修之,设轻重九府,则桓公以霸,九合诸侯,一匡天下。"《史记·齐太公世家》载:"桓公既得管仲,与鲍叔、隰朋、高傒修齐国政,连五家之兵,设轻重鱼盐之利。"《国语·齐语》载:"通齐国鱼盐于东莱,使关市几而不征,以为诸侯利,诸侯称广焉。"可见,此时的齐国农、工、商并举,商品经济十分发达。

齐商文化的开放，不仅体现在与列国之间的经济往来，还体现在海外交往的发展。据说，战国时期，齐地商民和移民自发开辟而成了一条通往海外的贸易之路，也被称为"海上丝绸之路"，它比西汉时期开辟的陆上丝绸之路早了至少五百多年，但与陆上丝绸之路不同的是，它并非官方出使外国进行外事交往，而是由民众自发形成，因而具有开放性和分散性的特点。齐国的纺织业一向发达，到战国时期，纺织技术更加精进，产品质量显著提高，花色更加丰富、美观。在朝鲜和日本等地的考古中，就发现了那一时期齐国的纺织品。汉代司马相如在《子虚赋》中提到齐国"齐东陼巨海……秋田乎青丘，彷徨乎海外"，也证实了齐国与海外联系较为密切。这些资料皆体现出了齐商文化的开放性。

二、重谋尚智

重谋尚智是齐商文化一个十分突出的特点。

东周时期是中国智谋文化发展的一个高峰时期。帝王要施行王道，实现称霸天下的理想；谋士想施展其才华，在政治领域有所建树；军士也想通过军事谋略在频繁的战争中立于不败之地。因此这一时期，智谋文化大行其道，它是一种显在的、外向型的文化，其运用十分公开和普遍。尤其在战国时期，邦无定交，士无定主，列国争雄，征伐无度，智谋文化的运用体现在列国的政治、经济、文化、军事、外交等各个方面，几乎无处不在。

列国之中，尤以齐国的民风和文化氛围最为开放，也最为崇尚智谋，使齐人尚智、多智的特点十分突出。在民风方面，齐人尚智为各国所公认。《管子·水地》记载：齐人"谄谀葆诈"。《史记·田敬仲完世家》记载：秦昭王语"吾患齐之难知"。这些史料皆可看出齐人尚智、多智的特点。同时，齐人善辩，好议论，蔚然成风，造就了一批多智之士，如三邹子（邹忌、邹奭、邹衍）、淳于髡、王斗、鲁仲连等。齐国多智之士层出不穷，乃至齐国一度成为纵横家的摇篮。齐国兵学更是与智计密不可分，出现了田穰苴、孙武、孙膑等著名军事家，诞生了《司马法》《孙子兵法》《孙膑兵法》等兵学著作，尤以《孙子兵法》被后世流传最广，被奉为兵家经典，也先后被翻译成多种语言，在世界军事史上具有重要的地位。由于智谋文化的盛行，齐国也出现了许多以智计取胜的战争案例，如孙膑在"围魏救赵"的桂陵之战和"减灶诱敌"的马陵之战中以智计完胜庞涓，再如田单大败燕军的火牛阵等。

在齐商文化之中，智计的体现尤为明显。齐国工商业兴起的一系列政策举措都是齐国统治者足智善谋的体现，而在经商活动的开展中，齐商的经营策略，以及对市场行情、商品价格的预判和把握充分展现了齐商文化重谋尚智的特点。

其一，知地之利，择地生财。兵法云："夫地形者，兵之助也。料敌制胜，计险厄远近，上将之道也。知此而用战者必胜，不知此而用战者必败。"①可见地理位置对于作战的重要性，而对于经商来说，地理位置同样是具有战略性作用的。齐商对经营地点的选择往往十分谨慎，这显示出他们的经营智慧。春秋战国时期的谋略家、古代齐商的典型代表范蠡，便是深谙此道。他离开越国以后远隐于齐，"适齐为鸱夷子皮"②。他知道齐国的重商传统、繁荣的经济对于经商而言十分具有优势。《史记·越王勾践世家》记载，范蠡在齐国经商，取得了丰厚的收益，"居无几何，致产数十万"。之后，范蠡认为陶地东通强齐，南及鲁、宋，西连卫地，北达燕、赵，商旅往来，各方异产汇聚于此，是一处"天下之中，诸侯四通"③的理想经商之地，于是定居于陶地，自号陶朱公，经商致富，成为巨贾。

其二，预测行情，囤居待乏。春秋时期，私商大量兴起，商人的自由经营必然就要自负盈亏，因而导致商人十分重视市场行情的变化，尤其是供求关系的变化。齐商对于市场行情的把握是十分具有智慧的。《史记·货殖列传》记载了范蠡的经商之智。范蠡运用"计然之术""旱则资舟，水则资车"，大获其利。他认为天气大旱的时候，虽然江河断流，交通和运输更多地需要车子而用不到船，但不要盲目去争做车子的生意。相反，应该投资于船只的收购和生产，因为这时市场上的船只供大于求，价格较低。而

---

① 孙武：《孙子兵法》，中华书局，2011，第183页。
② 司马迁：《史记》，中华书局，2010，第7570页。
③ 司马迁：《史记》，中华书局，2010，第7570页。

到闹水灾的时候,船只的需求量增大,这时应该将低价收购的船只卖出去,因为此时船只会成为市场上的畅销货,供不应求,因而商人可以通过高价出售,从中赚取不菲的差价。同理,在水灾的时候,尽管市场对船只的需求量变大,但更应投资于车子的收购和生产,待到天旱之时抛售,赚取利润。同样道理还可运用于战争的物资储备上。范蠡说:"知斗则修备,时用则知物,二者形则万货之情可得而观已。"意思是知道要打仗,所以要从各方面做好准备,知道货物何时需用,才懂得货物的价值。只有把"时"和"用"这两者的关系搞清楚了,各种货物的供需情况和行情才能看得清楚。

其三,审时度势,贵出贱取。商品经济对于市场行情的预测要求非常高。同一种商品在不同地区间的价格差异,成为商人的商机所在。但市场的自我调节和各国政策的干预也会导致商品价格不断出现变化,假如不能做出准确判断,必然造成巨大损失,所以商人必须抢占先机。齐商在长期的经营实践中积累了丰富的判断经验,对于商品市场价格的波动十分敏锐。《史记·货殖列传》中记载,齐商认识到商品"贵上极则反贱,贱下极则反贵"的道理,了解商品的价格会围绕着一个区间上下波动,也就是我们常说的,市场经济有一只"无形的手"进行调节,贵与贱会在一定条件下相互转化。因此要做到"贵出如粪土,贱取如珠玉",意思是要在商品价格昂贵的时候,把货物像粪土一样扔出去,赶快卖掉,当价格降下来以后,要像珠宝一样买进来，从贱买贵卖中获利。这样的商业谋略与"无敢居贵"的营商态度相结合，能起到调剂余缺、互通有无、繁荣市场、互利双赢的良性循环。

其四，薄利多销，无敢居贵。司马迁说："贪贾三之，廉贾五之。"①意思是贪心的商人，获得的利益可能是三成，而不贪心的商人，往往可能赚取到五成的利益，即薄利多销的经营理念。范蠡就认同薄利多销的办法，《史记·货殖列传》说，他主张"无敢居贵"，仅"逐什一之利"，意思是不求暴利，赚十分之一的利润就够了。他不主张在商品的加价上费心机，该买就买，该卖就卖，同时一定要让货物和钱财流动起来，加速周转，在扩大销售中增加利润的总和。在增加储备的同时，还要加速周转，买进卖出，加快资金和物资的循环，用现在的理解就是拉动GDP的增长。范蠡提出了"无息币"的概念，他认为"财币欲其行如流水"，意思是不要让金钱休息，要让金钱流动周转起来。他认为这钱流动起来，才能加速周转，在扩大销售中增加利润的总额。这一思想是直到当今依然使用的金融思想，在两千多年前是非常先进的。

三、多元兼容

齐文化是包容的文化，齐国工商业的繁荣发展，体现在各行各业的多元经营。春秋战国时期，齐国的冶铁、制

---

① 司马迁：《史记》，中华书局，2010，第7610页。

盐、纺织、制陶、酿酒等行业均得到迅速发展。

从商人的经营方式来看，齐国的私营商人也分为不同种类，其中有往来于各地从事货运贸易活动以赚取差价利润的贩运商人、从事储积商品货物待乏出售而赚取差价的囤积商人、从事采矿、煮盐、冶铁、炼铜、铸造、纺织、酿酒、畜牧等工商业生产的产业商人，以及以放贷为主要获利手段的赀贷商人。

齐商文化的兴盛，使齐国的市井文化空前繁荣。《史记·苏秦列传》载："临淄甚富而实，其民无不吹竽、鼓瑟、击筑、弹琴、斗鸡、走犬、六博、蹋鞠者。临淄之途，车毂击，人肩摩，连衽成帷，举袂成幕，挥汗成雨，家敦而富，志高而扬。"可见临淄的市井生活非常繁华，各种不同身份的人也越来越活跃。如春秋时期，管仲设置"女闾"，成为当时齐国市井文化的一个特殊景观。

第二节　齐国商人的特点

一、齐商的价值取向

价值取向的核心问题是义与利的关系问题。自古至今，中国的商业文化都离不开义和利的关系，且把对于"义"的推崇始终放在一个重要的位置，突出"义"的作用。齐商文化的价值取向，基本呈现持义逐利的特点。简单来说，义是人们对于道德的欲望和追求，利是人们对于物质财富的欲望和追求。这两种欲望都是人类的天性。追求利益最大化是商人的基本特征，但在交易活动中能否实现公正交换，能否兼顾社会公义，则体现商人的社会价值。齐商文化认为，"利"的实现是实现"义"的前提，而"义"是"利"的社会价值体现，因此就普遍意义而言，齐商的价值追求是义利并重、持义逐利。《管子·牧民》言"仓廪实则知礼节，衣食足则知荣辱"，就是对齐商这一价值取向最好的诠释。

在东夷文化时期，齐地的风俗就已呈现出好义之风。东夷文化"仁而好生""好让不争""见利而让"，被誉为"君子国"。《史记·乐书》也有记载："明乎齐之诗者，见利而让也。"这种"尚义"的文化传统，对齐商产生深刻的影响。春秋战国时期，整个社会风气依然"重礼义"，无论是士人阶层还是商人阶层，都秉持着对义的追求。乔健先生在《中国古代思想研究》中说："'礼'是春秋时代政治规范的核心要素，'礼'所体现的基本精神和原则是政治权力非绝对化（即任何政治势力都没有掌握绝对的权力）条件下，各种政治势力在遇到问题和分歧的时候需要'讲道理'，春秋也因之而成为古代中国仅见的人们在政治实践中普遍'讲道理'的时代。"[①]范蠡弃官从商，三次家累千金，又三次散尽家财，可见其讲究诚信、珍重名誉的经商之术和高尚的道德情操，充分体现了他豁达的价值追求。

---

① 乔健：《中国古代思想研究》，民族出版社，2008，第1页。

当然，这些记载并不能完全代表整个先秦时期商人的价值观，但不可否认，这一时期商人的整体价值追求是向"义"而行的。尽管战国以后，商人对"义"的秉持较之春秋时期有所弱化，整个社会呈现出由"重礼义"向"尚功利"转变的特点，但齐商文化整体上还是表现出"甚富不可使，甚贫不知耻"①的思想倾向。意思是，经济贫困固然难以担当应尽的道德义务，使人们不容易有廉耻之心，但一味追求经济富足也会使人丧失"礼""义"等道德伦理的约束，同样会产生不良的社会影响。由此体现了齐商义利并重的价值取向。

齐商文化中的"义"较为集中地体现在两个方面，一是诚信，二是利他。

《管子·枢言》云："诚信者，天下之结也。"意思是诚实、守信，是天下之人交往与联系的纽带。人无信不立，商无信不富。直至今日，山东商人的诚信、厚道皆为社会普遍认同，其实在先秦时期，齐地商人已经在长期的经营实践中初步建立起诚信敬业的商业伦理，并不断践行。其一，保证商品质量。《史记·货殖列传》记载："积著之理，务完物，无息币。以物相贸易，腐败而食之货勿留，无敢居贵。"意思是，预备的储货必须完好无损，对于容易腐败的食物类商品不做长久囤积。在交易中要确保商品的质量过关，质量不合格的产品是不能拿到市场交易的。其

---

① 李山、轩新丽译注：《管子》，中华书局，2019，第578页。

二，确保价格合理。在商业活动中，价格是否合理公道是衡量商家是否诚信的一项重要指标。诚信的商人会根据市场行情的自然变化规律，随行就市地进行交易，而不会故意哄抬物价、牟取暴利。范蠡提出"无敢居贵"的思想，他认为商人不应囤积居奇、哄抬物价、牟求暴利，而应当尊重和遵循市场规律，使交易形成良性循环。

除了诚信经营，齐商还乐于主动承担起社会道义，没有"为富不仁"，而是富行其德，多有"利他"之举。《史记·货殖列传》记载范蠡浮海出齐，经商致富，"十九年之中三致千金，再分散与贫交疏昆弟"。《史记·越王勾践世家》也记载："（范蠡）尽散其财，以分与知友乡党。"说的是范蠡散财周济贫困的宗族、故友、乡党等人，体现出富而好仁的利他思想。由此可见齐商在经营活动中所展现的良好品格和他们持义逐利的价值取向。这种持义逐利价值观的确立对后世齐商产生了深远影响。

二、齐商的生活方式

春秋以前，私商尚未形成规模，官商是最主要的商人群体。官商往往以家族经营为基本单位，职业世袭，其身份、经营权限等都受到官府的严格管制，即所谓的"工商食官"。春秋战国时期，官营商业制度发生了很大变化，"工商食官"制度瓦解，官商逐渐没落。这一时期，官商的主要职责有几个方面：其一，为官府提供生活物品，满足官府需求，其中包括各地的珍奇异产和奢侈品。其二，从事官办商业的经营活动。齐商主要经营着国家的盐铁等重要物资的专营买卖,成为"官山海"制度中的官方经营者。其三,代统治者管理市场。齐国管理市场的官员称为"市掾",他们的主要职责是维护市场秩序,保证市场货物的流通,确保商业稳定有序地发展。而这一时期,私商大规模崛起,成为社会中的重要阶层。他们以贩运这一经营形式为主,游走四方,行商谋生。根据先秦时期的文献所载,私商往往以"家"的形式出现,如新兴商人白圭就拥有"用事僮仆"若干人;到战国末年巨贾吕不韦经商致富时"家累千金",更是"家僮万人";范蠡也是以"父子治产"的方式与其子共同经商。

这一时期的齐商拥有较高的经济地位,加之政治上还未遭到重农抑商政策的压制,生活较为安乐。《汉书·龚遂传》记载:"齐俗奢侈,好末技,不田作。"《史记·平准书》则言:"民偷甘食好衣,不事畜藏之产业。"说明此时的商人并不从事农业生产,却因为经商的利润很高而累积了巨额财富,开始追求物质上的享受,生活状态普遍十分奢靡。

齐国工商业的繁荣,使私商群体蓬勃兴起,也使齐地掀起了奢靡逐利之风。齐国发达的商品经济使得四方珍异汇聚在齐国市场上,极大地刺激了统治者阶层和富豪们的消费欲望。早在春秋时期,管仲治齐就崇尚奢侈,主张适度地大胆消费。《论语·八佾》记载了孔子评价管仲的话:"管氏有三归,官事不摄,焉得俭?"《史记·管晏列传》也记载:"管仲富拟于公室,有三归、反坫,齐人不以为侈。"这些都反映出管仲的生活奢侈。到战国时期，齐将田忌以千金之资与齐王及诸公子逐射赌博，《史记·孙子吴起列传》记载："忌数与齐诸公子驰逐重射……与王及诸公子逐射千金。"以千金作为赌注，足见其奢侈程度。齐地的奢靡之风，不仅存在于先秦时期，直到汉代，奢靡之风依然延续和盛行。《汉书·食货志》记载："男不耕耘，女不蚕织，衣必文采，食必粱肉。无农夫之苦，有阡陌之得，因其富厚，交通王侯，力过吏势，以利相倾；千里游遨，冠盖相望，乘坚策肥，履丝曳缟。"齐地的富人整日锦衣玉食，挥金如土，住在豪宅，蓄养大批仆从。《汉书·贡禹传》中记载："豪富吏民畜歌者至数十人。"《后汉书·王充王符仲长统列传》记载："豪人之室，连栋数百……妖童美妾，填乎绮室；倡讴伎乐，列乎深堂。"不仅如此，富人死后的送葬方式也体现出齐地的奢靡之风，山东临沂、胶东、临淄等地的汉代墓葬中就出土了大量的精美奢侈品。

《汉书·地理志下》中说，齐人"多好经术，矜功名，舒缓阔达而足智"。齐地的重贾好利之风十分盛行。而鲁地自西周以来逐渐形成崇尚农耕、安分守礼的传统风尚，但随着商品经济大潮的冲击，鲁人逐末求利的社会心理和经商热潮逐渐形成，鲁人"贵财贱义，高富下贫，憙为商贾，不好仕宦"，且"好贾趋利于周人"。

齐鲁之地的奢靡与享乐之风，直到西汉儒制改革后，仍未见明显衰退，秦汉以来齐地追逐奢靡的生活风俗和齐人好利的"非正统"因素一直存在。但齐鲁作为儒学发祥地，在儒学氛围的渲染下，其风俗终究在潜移默化中发生了改变。随着南北朝时期商业的急速衰颓，以及隋唐时期中央集权的空前强化，在重农抑商和儒学思想的共同作用下，齐鲁风俗发生了巨大的转变。

三、齐商的社会地位

春秋战国时期，齐国官商和私商的社会地位都发生了一定变化。春秋时期沿袭了西周时期"工商食官"的制度，因而官商的地位始终较高。到春秋时期，因齐国重商政策的推行，私商大量兴起，相较于其他不推崇商业发展的诸侯国而言，齐商的社会地位得到了极大提升。战国时期，因"工商食官"制和井田制的解体，官商的地位较前有所降低。而私商则因为许多其他阶层群体的加入，以及诸侯争霸的需要，势力不断壮大，其社会地位达到了古代历史上的高峰。

春秋时期，国民按照等级划分为诸侯、大夫、士、庶民四个阶层，商人属于庶民这一阶层。按居住地域看，一部分国民居住在国都城内或近郊，主要是士、工、商，还包括一部分近郊农民，他们虽然属于被贵族统治的阶层，但仍保留着部分原始的民主权利；另一部分国民居住在四郊以外的地区，是这一地区劳作的农业生产者。按照职业划分，国民分为士、农、工、商四类。春秋时期随着齐国重商政策的推行，工、士与商阶层得到了很大程度的发展，特别在"管仲相齐"时，齐商的地位明显提高。

齐国历来都有重商的传统，姜太公早年曾在朝歌经商，后以工商之策立国，奠定了齐国的大国地位。管仲也有过早年经商的经历，后来以商业策略发展齐国，使齐国成为春秋五霸之首。齐桓公的另一重臣宁戚也有经商的经历。《吕氏春秋·离俗览·举难》记载，宁戚原是卫国的普通商人，原本生活贫困，曾驾牛车从卫国去齐国做买卖，趁齐桓公出城迎客之机，通过唱歌的方式向齐桓公举荐自己，成为齐国的大夫。由此可知，齐国对于人才的选用标准中没有对商人阶层的歧视。不仅如此，齐国的许多贵族和士人也越来越多地从事起工商业，这在很大程度上提升了齐商的政治地位。李学勤曾详细考证鲁方彝中的铭文并指出，器主齐氏名鲁，为齐国公族，推测为齐乙公吕得之子，齐生鲁身为齐国公族，而从事贾之事，获利颇多。齐有事商的传统，贵族也多有参与商业活动的，也就是说以营利为目的的商人中也有是贵族身份的。①

　　战国时期，官商在沿袭以往的基础上，分工进一步细化，齐国有了掌管市场的"市掾"，并仍然控制着国家大部分的市场和商品贸易，但其整体地位已经明显下降，而私商却越来越活跃。这时，商人具有了受教育和服兵役的权利。随着生产力的进一步发展，各诸侯国之间的商业往来不断加强，开辟了广阔的商路，齐商群体逐渐掌握了都市的商业资源，把控了经济命脉，获得了大量的土地，有些

---

① 李学勤：《鲁方彝与西周商贾》，《史学月刊》1985年第1期。

新兴商人还参与到政权斗争之中，但其社会地位依然很低，依然处于被统治和被压迫的地位。商人登上政治舞台是这一时期的特点之一，但从列国整体情况来看，商人政治地位的提高对于列国统治者的治理能力提出了重大挑战。尤其到了战国末年，各诸侯国认为，工商业者的势力一旦强大起来，与善于专权的诸侯、卿大夫相勾结，就有可能推翻政权。同时，私商势力的迅速发展，一方面使大量农民弃农从商，动摇了经济根本；另一方面也给伦理道德和社会风气带来了很多不良影响，因此各国"重农抑商"的思想逐渐兴起，以维护列国政权的稳定，对商人的发展形成了强大的打击。在这一时期，尽管齐国的商业和商人群体的发展较之他国有着更宽松的环境，但也逐渐合流于大一统趋势下商人社会地位的陨落之途。

第三节　齐国货币的特点

春秋战国时期是我国历史大变革、大发展的时期，商品经济的快速发展大大增加了社会经济对货币的需求，促进了货币的发展，而货币又加速了商品的流通，对经济发展起到了至关重要的推进作用。货币与经济发展有着密切的关系，也反映出当时各诸侯国的生产力水平。

中国古代货币经历了实物货币、贝币、称量货币、金属铸币等几个阶段，先秦时期，形成了布币、刀币、贝币、圜钱四大货币体系。齐国的货币体系独特且独立，与其他诸侯国皆不相同。齐国铸造、发行了多种货币，包括实物货币、金属称量货币、贝币、刀币与圜钱五大类，不同的货币各自肩负着不同的职能，形成了齐国独有的货币体系。

一、齐国货币的分类

（一）实物货币

实物货币是中国古代早期商品经济使用最早、使用时间较长的货币之一，它起源于物物交换，本身即是商品，同时又能充当一般等价物，具有货币的职能。实物货币的形式和种类很多，不同地区也各不相同，如牲畜、铜器、粮食以及贵重饰品等，都可以作为实物货币进行交易。《管子·地数》中记载："珠玉为上币，黄金为中币，刀布为下币。"这里的"珠玉"就是实物货币。珠玉一般是指玉石或由玉石打造而成的贵重饰物，作为财富的象征，其本身的价值就是很高的，因而当时的贵族喜欢以珠玉作为交换之用的实物货币。《管子·轻重甲》记载，管仲向齐桓公讲述将珍珠、象牙、白璧、美石、豹皮等物品作为货币与他国进行商业贸易，达到使四夷臣服朝往的目的，这些物品皆为实物货币。从春秋战国时期的墓葬来看，贵族墓葬中多有贵重的珠玉宝石作为随葬品，如玛瑙、水晶、玉石等，以此彰显墓主人的地位与财富。但珠玉十分贵重，也并非寻常百姓用来交易的主要货币形式，所以有"巨家以金，小家以币"的说法。因此，珠玉的职能主要是赏赐、贮藏，以及诸侯国或者大商贾之间进行交易之用。

（二）金属称量货币

金属称量货币，指的是"按照金属质量交易的货币"①。根据目前的考古发现，大约在商代已经出现了金属称量货币，在两周时期十分盛行，其材质主要包括金、银、青铜等。

《管子》中有大量关于君主赏赐臣下黄金的记载，如"天下诸侯载黄金珠玉五谷文采布帛输齐以收石璧""管仲告鲁梁之贾人曰：'子为我致绨千匹，赐子金三百斤'"。同时，《管子》中有"黄金刀币，民之通施也"的说法，可见黄金也是齐国与其他诸侯国，以及大商贾之间进行贸易的主要货币形式之一。在春秋战国时期，黄金除了被各诸侯国作为内部货币使用，也已经具有了超越国界的国际流通的功能，是各国公认的国际流通货币。《战国策·韩策》记载："韩取聂政尸于市，县购之千金。"《管子》中也多处记载管仲出售本国食盐换取列国黄金，说明齐国在与其他诸侯国进行大宗商业贸易时使用数额较多的是黄金。此外，《管子》一书对于黄金作为流通货币的调控功能已经有了较为清晰和客观的认识，已经开始将黄金作为粮食和其他重要物资的计量尺度，并主张通过对黄金价格的把

---

① 吴良宝：《中国东周时期金属货币研究》，社会科学文献出版社，2005，第1页。

控调节市场平衡，如"故粟重黄金轻，黄金重而粟轻"等。当时使用较为普遍的金属货币，除了黄金还有青铜。商周时期，青铜器已经成为社会财富的象征，被广泛认可。青铜货币的铸造也为刀币的铸造、发行奠定了基础。

（三）贝币

贝币主要流行于商朝和西周时期，尽管春秋战国时金属铸币逐渐盛行，贝币渐于衰退，但它并没有完全退出历史舞台，在这一时期，贝币依然是齐国的主要流通货币之一。齐国墓葬常有贝币出土，且大型贵族墓葬出土贝币的数量巨大，学者认为海贝、石贝、铜贝等应该是用于流通的货币。齐国作为东部滨海之国，三面环海，获取海贝作为货币是十分便利的。贝币是目前所知最早的实物货币，自新石器时代开始人们就已经认识到它的价值，使之成为随葬品，商朝和西周时期齐地也多以贝币作为主要货币进行交换，而随着商品经济的快速发展，人们对贝币的需求量不断增大，开始对贝币进行人工打磨与穿孔，以减小体积和重量，方便携带。到了东周时期，随着商品经济的发展，天然海贝已无法满足市场的需求，于是人们开始铸造不同材质的仿贝。齐地出土的春秋战国时期仿贝包括无文铜贝、包金贝、骨贝、石贝、蚌贝等多种类型，其中骨贝与石贝数量较多。

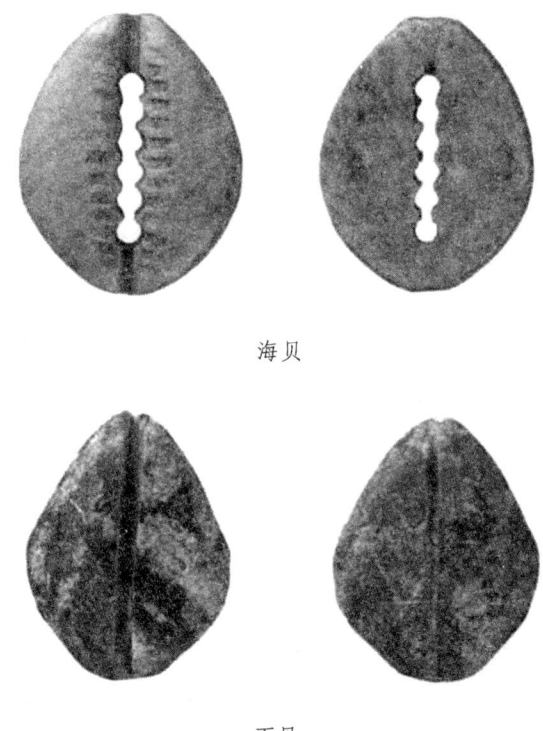

海贝

石贝

(四) 刀币

刀币作为春秋战国时期四大货币体系之一,是金属铸币的重要货币形态,主要流通于当时的齐国、燕国、赵国、中山国等诸侯国。齐国的货币之中,刀币是主要的货币类型,历来受到学界关注,刀币制作精良,币文古朴,学界对币文内容的解读说法不一,是一种研究最为广泛和深入的齐国货币形式。春秋战国时期,铸行刀币的诸侯国有许多，但最受瞩目的当属齐国刀币。齐国是春秋战国时期最早铸造、发行刀币的国家，并一直保持着独立的刀币体系。齐国刀币因形制大小的不同分为大刀和小刀，大刀即学者们惯称的"齐刀币"，其面文不同，有齐之法化、安阳之法化、即墨之法化、齐返邦长法化等；小刀则是齐明刀。

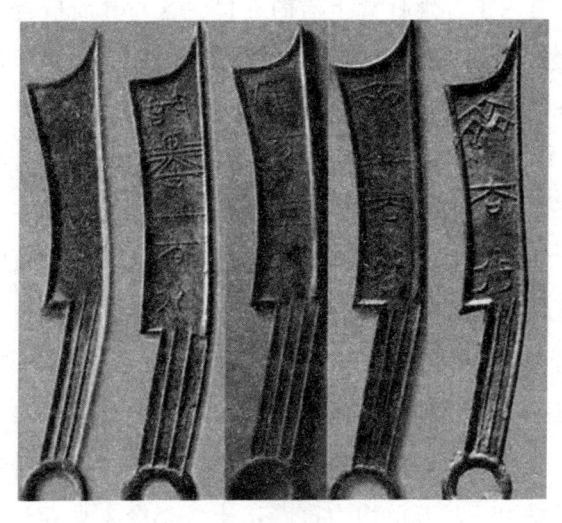

齐大刀

以上多种齐大刀的尺寸、重量、面文和铸造发行时期各有不同，但就整体而言，齐大刀首部内凹，周边有郭，刀柄正反两面均有凸起的两道纵线，末端有圆环，与其他诸侯国铸行的刀币相比，齐大刀形体较大，含铜量较高，制作也更为精良。

在所有刀币中，齐大刀形体最大、重量最重、铸造精良、面值最大、购买力强，这些特点使其自身拥有了大宗交易和贮藏的功能,这是其他刀币所不具有的。另外,齐大刀中的"齐返邦长法化"是战国时期齐襄王复国成功以后铸造的纪念国币,这在先秦时期是独一无二,应是中国古代最早由国家发行的纪念币。学者发现出土的齐大刀大多成色较新,判断为齐大刀通常不太经常流通于市场之中,无法普遍用于百姓日常生活的支付,这与其面值较大的因素不无关联。《管子·国蓄》中说道:"以珠玉为上币,以黄金为中币,以刀布为下币。"或可推测刀币并不是使用最为广泛的货币形式,这可能是刀币本身"体大量重"、面值较大等原因使然。根据目前的考古发现,出土的齐大刀均不出齐境,这在当时与列国商品贸易活动十分频繁的齐国是十分特殊的现象。《管子》一书中记载了大量齐国同其他诸侯国贸易的事件,却也没有提到刀币,有专家推测,齐大刀是一种支票性质的货币,虽有储藏价值,却不具备国际流通职能。同时,作为春秋战国时期齐国所铸造发行的主要货币——刀币均为窖藏出土,至今未见春秋战国时期墓葬出土过,"刀币不殉"的问题成了齐国货币研究领域的重要问题。

齐明刀是齐国刀币中的小型刀币,于清代嘉庆年间在山东博山县发现,故称"博山刀",其面文多被释为"易""匽""明",因此又称"齐易刀""齐匽刀""莒匽刀"等,目前学界普遍称"齐明刀"。齐明刀与齐大刀差异很大,无论面文、形制还是铸造精良程度都有很大差别,大多铸造粗糙,形体较小。齐明刀的形制为凹刃,刀背微弧,刀首呈斜坡状，刀柄上有两条纵线纹，柄端有圆形或椭圆形柄环。

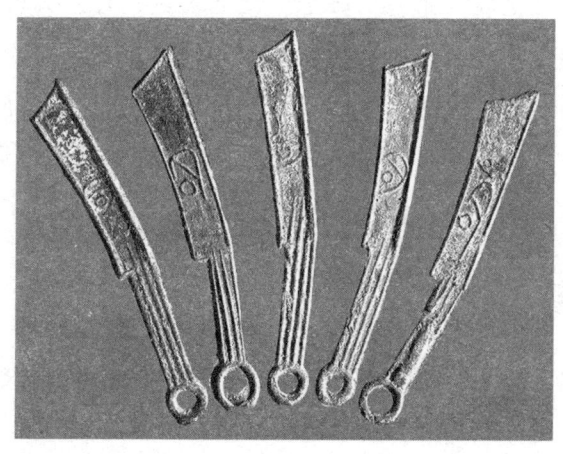

齐明刀

齐明刀的刀刃内凹，刀身较窄，与齐大刀相比铸造较为粗糙，含铜量较低，虽与齐大刀差异较大，却与燕明刀有相似之处，学界认为它应当与燕明刀具有密切的联系。随着齐国与各诸侯国贸易往来的日益频繁，货币在齐国与各国之间有了更多的流通，但齐大刀体量较大，面值较高，一枚齐大刀的价值相当于数枚燕国刀币，价值严重不对等，交易十分不便，目前的考古发掘中也未明确发现齐大刀出齐境的现象，这种情况下齐国需要一种价值较低的货币开展国际贸易，因此铸造并发行了与燕刀币价值相似的齐明刀。齐明刀不仅与燕明刀在大小、重量及形制上有很大的相同之处，在金属比例上也是十分相近，这就确保了双方交易的公平性。齐明刀主要出土于莒县莒故城和平度市，即墨故城。按照史实记载，这应当绝非偶然，即墨和莒都是当时齐国较为繁荣的城邑，交通发达，具备铸币能力，同时两处均为战国时期燕国攻占齐国时未被攻破的城邑，恰与燕国交往便利，因此关于齐明刀的职能，学界则认为应该是齐人为方便与燕国或其他国家通商贸易而铸造的一种货币。

（五）圜钱

战国后期，随着市场的不断扩大，商品种类与数量越来越丰富，市场对于货币的便捷性提出了更高的要求，珠玉、金银、齐大刀等货币作为贵重的大面值货币已经无法适应日常经济生活中小额交易的需要，因此在这种形势下，金属铸币开始向精致轻便的方向发展，圜钱成了列国纷纷铸造、发行的币种。这一时期圜钱主要流通于秦国、魏国、

 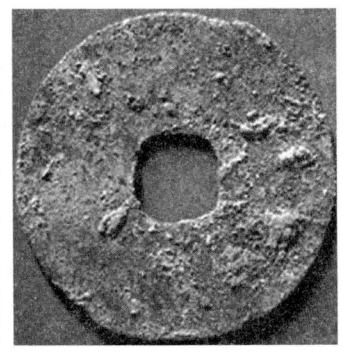

圜钱

韩国、燕国与齐国等地。齐圜钱是圜形方孔，面有郭，背平素，面文有"賹化""賹四化""賹六化"三种，大小重量依次递增，虽大小有异，但形制相同。据专家考证，齐国圜钱的圆形方孔形制是中国方孔圜钱的最早形态，由于圜钱体积小，体量轻，十分便于携带和交易，满足了商品交换的需要，可以说，它是先秦货币发展到一定阶段的必然结果。

圜钱的出现方便了人们日常的经济生活。齐大刀用于大宗交易或贮藏，賹化圜钱用于日常的小额支付，两者轻重相权，并行于市。齐大刀和賹化圜钱是战国后期齐国流通的两种最主要的金属铸币。秦朝灭六国后，统一了货币，全国开始通行方孔有郭的圜钱，圜钱在此后的两千多年里盛行不衰，成为中国货币的主要形态。

二、齐国货币的发行和运用

《管子·揆度》中说："五谷者，民之司命也；刀币者，沟渎也；号令者，徐疾也。"意思是：粮食，是人们生命的主宰；货币，是物资流通的媒介；政策，是控制经济轻重缓急的。也就是说，国君要牢牢地掌握货币的发行权和解释权，通过货币和商品的双向调节，控制物价，用宏观调控的手段稳定最为重要的物资生产与销售，平稳百姓生活所需，通过一系列轻重缓急的政策，来掌控货币、物资在国家、商人与百姓之间的流通。

因此，齐国设立了轻重九府作为货币的发行部门，把货币发行权收归中央，并制订了货币发行的具体办法。《管子·山国轨》记载，管仲提出了许多关于治理国家的基础性现实问题，比如：一乡有多少土地，用人多少，粮食产量有多少，一个县有多少人、多少田，货币流通多少才合适，粮价多高才与货币流通相适应，全年供应人食后余粮有多少？这里把治理国家的实际统计数字作为货币发行的参考依据，明确提出要让货币的投放量符合社会的实际需求。此外关于货币发行，在《管子·国蓄》中也有阐述："人君铸钱立币，民庶之通施也，人有若干百千之数矣。"说的是发行货币是为了民间的交易流通，要算准确每个人的数额。如果这样做了，仍有人钱不够用，那就证明"利有所并藏也"，也就是说钱财被部分人存积起来了。"人君非能散积聚，钧羡不足，分并财利而调民事也，则君虽强本趣耕，而自为铸币而无已，乃今使民下相役耳，恶能以为治乎？"意思是说在这种情况下，如果君主不能散开囤积，调剂余缺，将囤积着的财利分散开，调节人民的余缺，即使督促生产，并且大量发行货币，也无济于事，不是治理国家的根本途径和正确做法。

　　《管子》一书对于货币和物价的关系也有详细的论述，且观点十分辩证，已认识到货币的职能，同时也谈到了货币价值与商品价值的关系。《管子·轻重乙》中提出，粮食是人们生命的主宰，钱币是物资流通的渠道，君主应当善于发布号令，调控物资的流通，来控制粮食这一人民的根本生计，只有这样，人们才能有最大的力量从事生产，使国家更好地发展。《管子·轻重乙》中还讲，钱币如果过于贵重，人们就会过度追求钱币；而假如钱币的价值太轻，那么人们会弃之不用，所以只有把货币、价格、商品调整到最为合适的程度，才是最佳状态。《管子·国蓄》进一步讲了货币的性质，珠玉、黄金、刀币和布币，都只是流通的手段，不能用来取暖，也不能用来充饥，只是君主用来控制财物、掌握民用，进而治理天下的手段。

齐国对货币的发行和使用有一套完整而实用的理论，不仅为先秦时期的齐国称雄提供了强大的智力支持和治国方略，即便是对当代社会经济发展也具有借鉴意义。

三、齐国货币与齐国商业贸易

齐币的出土地点基本反映了齐国货币的流通范围，也反映出当时城市商业的发达程度。城市发展是经济发展水平的重要表现，根据齐币的出土情况来看，除了齐国都城临淄外，齐币流通较为集中的地区还有即墨、莒和安阳等多个齐国城邑，反映了这些城邑高度的城市发展水平。而便利发达的交通将齐国的城市联系在一起，在推动经济发展的同时构成了齐国货币流通体系。

城市生产力水平的提升，农业、手工业等分工的细化，加速了商品流通和商业对货币的需求。而货币的发展又反作用齐国的经济，极大地推动了商业的繁荣。齐国采取了各种积极有效的重商政策，贸易市场日益繁华，市场上出现的丝帛、粮食、盐铁、漆器、刺绣等商品琳琅满目、种类繁多。商人奔波于各城市与各诸侯国之间,货币也随之广泛流通,对于各地区的物产、商品的融通起到了积极的作用,是商业繁荣发展的重要因素。

同时,齐国境内出土了大量其他诸侯国的货币,这充分证明了齐国与列国贸易往来的史实。目前,在齐境内发现的其他诸侯国货币主要有燕币、楚币、魏国布币、秦国半两钱等。燕币是齐境所见最多的他国货币,主要包括尖首刀和燕明刀两种类型。

第四节 齐国城市的特点

中国古代最初的城只是出于军事防护和政治统治的需要而建立的,与经济发展,特别是工商业的发展几乎没有关系。在春秋以前,城的形式基本是在农村的部分区域设置了围墙,给统治宗族成员居住。早期的城地广人稀,仍以农田为主,其实并没有从农村分离出来,当时的城市经济还是农业经济。虽然早期的城规模不大,但具有严格的等级制度,以保证统治秩序的稳定。春秋时期,列国争霸的趋势日盛,各国纷纷变法图强,随着生产力水平的不断提高,各国工商业水平得到提升,同时出于战争的需要,各国对防御能力的提高也极为重视,客观上促进了各国城池不同程度的发展。到战国时期,列国的城开始了较大程度的发展变化,其中以齐国都城临淄最具代表性。

一、城市形态的变化

当时齐国城市的发展呈现出几个变化：

其一，规模扩大。临淄城成为"东方大都会"，规模宏大。临淄城由大、小两城组成，这一建制在列国城市之中十分突出。

其二，数量增多。在春秋时期以前，各国的统辖区域基本都呈现出地广人稀、小国寡民的状态，各诸侯国之间是大片的荒地。到了战国时期，随着经济的发展和人口数量的增长，许多荒地逐渐被开垦，人们越来越多地聚居在交通便利和物质丰富的地区，聚而成邑，使得原本的荒地面积逐渐缩小，城邑之间越来越近。另外，各国统治者也根据军事需要，不断推行政策，建立起许多城邑，并派兵把守，城市数量大大增加，城市的经济功能进一步凸显。战国时期，临淄、莒、即墨、阿、鄄等城皆是齐国有名的城邑。齐宣王时期，在苏秦的鼓动下，齐国归还了曾经占领的十座燕国城池，也反映出当时的城市之多。

其三，城内居民增多。春秋以前，各诸侯国城市尽管已出现繁荣之态，但规模都是有限的，据《战国策·赵策三》记载，当时最大的诸侯国皆不超过三千户人家，而到了春秋末期至战国初期，万邑之家已不鲜见，国都和地方性大都会数量更远在其上。《战国策·齐策一》曰："临淄之途，车毂击，人肩摩，连衽成帷，举袂成幕，挥汗成雨。"这是齐国城市繁华程度的写照。

其四，居民构成发生改变。西周时期，城中居住的国人一部分开始弃农从商，转入工商业之列，成了自由工商业者；还有一部分原本"工商食官"制度下的官商挣脱了统治者的管控，自行开展工商业活动，从事工商业的私商大量涌现。这一时期，城市开始从农村中分离，城市人口中，农业人口的比例明显下降，而工商业者明显增加。到战国时期，城市和农村进一步分离，仅有少量农业人口居住在城市之中，统治阶层和工商业者成了城市的主要群体。

二、城市职能的转变

城市规模和人口构成的变化，使得城市职能也随之发生了改变。首先，城市性质和人们对于城市的认知发生了巨大变化。早期城的主要职能是彰显统治阶层的地位，维护其宗族利益。《管子·乘马》中记载："因天材，就地利，故城郭不必中规矩，道路不必中准绳。"可见此时统治者主张的是城市规划不必再按照宗族等级礼制等规矩进行，而是应当根据经济发展需要进行，这反映出城市的性质和职能已经发生了巨大变化。国的区域有两道城，内城为城，外城为郭，而城和郭的并称则体现出人们对于"城市"这一称谓的理解也发生了改变。城郭就是最早的城市，交易的场所——市，就设置在城郭之中，人们认识到了城与市的关联，将城与工商业的发展联系了起来。其次，城市增加了经济中心、商品生产中心和贸易中心的职能。城市不再仅仅作为政治和军事的中心，而是更强化了经济职能。齐国的冶铁、制盐、纺织、制陶等各个行业都非常盛行。

三、城市管理制度

根据考古发掘得知，齐国的城市规制，沿用了周制按职业区分的历史传统，官署、民居、工商业作坊分而治之，同时在此基础上又大大突破了礼制的限制，进行了扩展。齐国"三其国五其鄙"的军政改革制度，就是将国分为二十一乡，其中工商之乡有六，既便于管理，又是职业分工自然形成的结果。此外，齐国政府颁布了管理市场的法律规定。

秦灭六国后，由于战争的破坏，大部分战国时期繁荣的城市衰败不堪。但因秦国攻齐时，齐王建不战而降，临淄城没有遭受战火的毁坏，在很大程度上保持了它繁盛时期的状态。西汉建立后，随着社会经济的恢复发展，城市又开始出现繁荣的局面，除了长安以外，还出现了洛阳、邯郸、临淄、宛（今南阳）、成都五个全国规模的大商业都会，号称"五都"，其中以临淄城为五都繁华之最。

第五节　齐国的农与商

齐国自立国之始就推行农工商并重的经济政策，长久以来，齐文化中的工商业文化因其开放性与先进性得到了学界的高度关注。事实上，齐国统治者对于农业的发展也给予了高度重视。在齐国存续的八百多年里，农业始终是其治国的根本，齐国历代统治者所采取的政策皆为重农而不抑商。农与商并重也是齐国文化的重要特点之一。

自古以来，中国的农耕文化决定了厚植在中国人观念中的尚农思想，在自然经济的大环境下，"以农为本"始终是统治者奉行的政策。中国几千年的文明史，始终是以农业生产方式为主，中世纪的农耕文明一度十分辉煌，而每当朝代更迭，或者民族斗争，也都是围绕耕地而展开的。即便是元朝、清朝这些原本以游牧为主的民族统治的朝代，也无一例外地奉行农本政策。农业在中国古代的地位不言而喻。而在漫长的中国历史上，农和商的关系，也一直是一个贯穿始终且引人注目的基本问题，几乎构成了中国古代经济思想的主流。

一、中国古代早期的"农商俱利"和"重农抑商"思想

在先秦时期，农与商的关系发生过一个从"农商俱利"到"重农抑商"的转变。

在古代社会，人们的生计主要依靠农业生产，国家统治者的统治也依赖于农业所提供的物质基础，恩格斯曾说，农业是"整个古代世界的决定性的生产部门"。因此，古代人最先产生了对农业生产的重视，这是符合人类认识和实践的基本规律的。中国重农、尚农的思想可以追溯到上古

时期。据《吕氏春秋·爱类》记载，神农氏以及其后的尧、舜、禹诸帝，都十分重视农业，"身亲耕，妻亲织"，言传身教，劝导人民开展农业生产。到了夏、商、周三代，古代中国人对农业的重视更加鲜明地体现出来，尤其是在以农业兴国的周朝。周族起源于陕西关中西部的漆水流域，以农业为根本生计，周族的始祖稷因为善于农耕被举荐为农官，他的子孙十几代都世袭为农官。西周每年于立春日隆重举行的"籍田"大礼，是周王朝重视农耕的重要表现之一，同时也表明重农思想、尚农思想已成为国家治国理念的重要组成部分。《周易》记载："《象》曰：不耕获，未富也。"说明此时人们已把农耕看作是财富的来源和致富的途径。《尚书·无逸》记载，周公说"君子所其无逸，先知稼穑之艰难乃逸"，鼓励人们不要贪图安逸，而要多从事农业劳作。当时的统治者认为农业生产是国家命脉，维系着社会安定，还是礼乐兴废、人口繁衍、财政充足、国家富强的基础和条件。因此，当时的思想皆体现出具有代表性的重农思想。

尽管这一时期统治者对农业非常重视，但并没有因此而轻商。据《周礼》记载，西周"以九职任万民"，规定"六曰商贾，阜通货贿"，说的是西周时期把商业列为"九职"之一，肯定了商业的专门化。《周书》中有"农不出则乏其食，工不出则乏其事，商不出则三宝绝"，主张农、工、商共同发展，各致其用。《逸周书·程典》则记载，周文王认为，"士大夫不杂于工商，商不厚，工不巧，农不力,不可成治",表明"商"作为明确的职业分工,已成为有别于士、农、工的职业,对于治国安邦有着重要意义。到春秋时期,列国对商业的发展都采取了重视和保护的措施,如齐国管仲在改革中提出了"四民分业定居论",认为工、商和士、农同等重要。生活在春秋中后期的孔子,作为儒家思想的创始人,反对儒者务农,但并不反对儒者经商,他认为,经商可以体现学识的作用和儒者自身的价值。孔子的弟子端木赐,即子贡,善于经商之道,曾经经商于曹、鲁两国之间,是孔子最为欣赏的弟子之一。因其善于经商,富致千金,成为当时有名的巨商,又因其诚信经商的品质,为后世商界所推崇,他与范蠡被后世并赞为"陶朱事业,端木生涯"。

这些重商的倾向实质上就是早期的"农商并重"意识,由于春秋时期商品经济的快速发展、列国之间角逐的需要以及学术争鸣的开端,这些思想逐渐形成系统,成了古代早期的"农商俱利"观念。但是到了战国时期,随着封建地主制经济的发展,"工商食官"制度彻底瓦解,官商趋于衰败,私商日益增多,逐渐暴露出一系列不利于国家安定和有害于统治者利益的社会状况,"农商俱利"的思想逐渐被"重农抑商"思想所代替。

战国时期,私商力量日益强大,他们不从事耕种,仅靠贩卖获取的利益往往能"利市三倍",甚至有的大商人富比王侯。他们生活奢靡,得意忘形,重利轻德,贵财贱义,在经济上对生产者进行控制,更有甚者运用商贾之术渗入政治，参与重大的政治活动。这些情况导致了许多社会状况的发生，一方面，商人越来越多，农民越来越少，极大地影响了农业生产，从而侵害了统治者的利益；另一方面，商人队伍的壮大几乎形成了一股政治势力，开始动摇统治体制。此外，"天下熙熙，皆为利来；天下攘攘，皆为利往"成了社会风气，冲击正常的价值规范和道德观念，引起了社会各个阶层的反感。这些情况导致了各国统治者的不满，据《史记·货殖列传》记载，当时"国君无不分庭与之抗礼"。

在这种情况下，各国统治者纷纷寻找解决方法。战国初年，李悝在魏国推行"尽地力之教"，提出农业是国家富强的根本来源和途径，以及"谷贱伤农""农伤则国贫"的观点，他有名的"平籴论"，主张政府应当在丰年尽可能多地征购谷物，等到歉年时以平价卖给人民，以达到平衡粮价的效果。此外，李悝主张禁止除"女工"以外的手工业生产。他认为，一切超出日常生活必需品范畴的产品生产都是"伤农""害农"的，应予以禁止。尽管李悝并没有明确提出"轻商"和"抑商"的主张，但从这时起，重农思想开始逐渐成为列国统治者主要的治国思想。公元前359年，秦国商鞅实行变法，推行以农为本、农战结合的政策，明确提出了"重农限商""禁技巧"的主张，并且提出了限制商业的具体措施，比如，禁止商人从事粮食行业的经营买卖，加重赋税使农民不会轻易弃农经商，以及加重商人劳役等，用这些方法限制商人力量的扩大。商鞅的政策是历史上第一次明确提出抑制商业发展，也是历史上第一次提出以"本末"喻农商的说法，用"本末"概念分析农商关系，其本质是在于协调商农之间的关系，维护统治稳定。到战国末年，秦国韩非沿用商鞅的重农抑商思想，提出"能以所有致所无"，并且将"末"的范围从商业扩大至全部工商业，至此，"农本工商末"的体系基本成型。

  在此之后，"重农抑商"的思想在历史上流传下来，对后世影响深远。到秦汉时期，国家统治者开始正式推行重农抑商的政策，对商业进行各种方式的压制和打击，商人地位变得非常低。从此之后的几千年里，历代封建王朝的统治者采取的都是重农抑商的政策，始终没有改变。唐代中期以后，随着社会生产力的发展，商品经济发展进入了高峰期。宋元时期对外贸易日益兴盛，元代的大都成了当时的国际大都市。明清时期，经济已经开始出现向工业文明演进的趋势，商业在一定程度上由"重农抑商"向"农商并重"转变。但出于维护封建统治的需要，重农抑商的基本思想始终没有发生变化，商人的社会地位一直非常低下。中国古代商人地位低下，究其原因，主要有三个方面：其一，国家对于商业采取严苛的政策，限制其发展，因为经商利润很高，商人具有比较高的经济地位，假如不对其政治地位加以控制，很容易助长经商的风气，导致农业荒废，而商人也容易形成政治势力，动摇统治；其二，在以自然封闭的小农经济为基础的封建社会，人们可以通过农业和手工业生产实现自给自足，对于商业流通的需要不多，商品生产并不发达；其三，自然经济环境下，人们对商业存在深刻的误解，尤其在汉代以后，儒家思想占据了主导地位并随着统治者的意志不断发展演变，"重农"思想深入人心，人们普遍认为商业活动本身并不能产生价值，对商业充满了鄙弃。

二、齐国的农商并举思想

齐国商业兴起于"农商俱利"的时代，这一时期，如前文所述，齐国的工商业政策对于齐国商业的发展起到了巨大的推动作用。与此同时，齐国的农业发展思想也极为丰富。

齐太公封齐之初，就实行了以农业富民的治国之道。《六韬·龙韬·农器》记载："必使遂其六畜，辟其田野，安其处所，丈夫治田有亩数，妇女织纴有尺度。"到了齐桓公时期，管仲更加注重农业发展，强调农业的重要性。他认为，治国之道，在于发展农业生产。粮食是人民生活最重要的物资，粮食如果丰足，人民生活就会温饱安康，这关系到国家的存亡。因此，齐国统治者制定了粮食、土地等各种政策措施，以推进农业生产。

据《管子·牧民》记载，对于粮食，齐国采取"务在四时，守在仓廪"的原则。"务在四时"是指粮食生产的过程，必须遵循自然界客观规律，人们应当在不同季节抓好不同的农事生产，不能耽误农时。"守在仓廪"是讲国家一定要把粮食储存起来，真正掌握对粮食的控制权。这

"一务一守",从生产和存储两个重要环节对粮食进行把握。为了促进农业生产,保证国家有足够的粮食,齐国还提出了相关措施,鼓励农民像备战一样积极、认真地对待农器,开展农业生产。

农业生产建立在土地制度的基础之上。春秋战国时期,齐国的土地采取授田制,并对于土地的分配推行科学合理的政策。《管子·乘马》记载:"正地者,其实必正。长亦正,短亦正;小亦正,大亦正,长短大小尽正。"意思是土地的分配和折算一定要公平公正,如果不公正,政事活动和政策就无法公正,继而农业生产就无法公平地开展和管理。同时,对于土地,齐国还采用了"地均以实数"和"均地分力"的政策。根据《管子·乘马》记载,"地均以实数"就是国家要加强对土地的管理,核算清楚实际可用于耕地的土地数量,掌握土地大小、肥沃贫瘠程度等自然状况。然后根据这些情况,进行整体折算。"均地分力"就是把土地分给人民,让百姓分户经营。这样,土地就能被充分地利用起来,同时人的力量也能得到充分发挥。"地均以实数"和"均地分力"政策极大地调动了农民生产的积极性。此外,国家根据土地的质量确定租税征收额。《管子·大匡》记载:"案田而税,二岁而税一。"意思是征收的租税多少必须与耕地的质量相符合,优质土地可以征收高一些的税款,反之则低。《管子·乘马》则提出了旱地与涝地有减税比例。此外,管仲大力倡导齐国发展鱼盐产业,是首先以保护农业发展为前提的。《管子·地数》对人们煮盐的时间做了周到安排，即从十月到正月，共四个月，这样可以避开农忙的时间，不耽误农业生产。

齐国还提出了具有超前意义的生态保护理论。《管子·八观》记载："山林虽近，草木虽美，宫室必有度，禁发必有时，是何也？曰：'大木不可独伐也，大木不可独举也，大木不可独运也，大木不可加之薄墙之上。'"《管子·戒》记载："山林梁泽，以时禁发而不正也。"说的是山林虽然就在身边，取用十分便利，但修建宫室使用的木材必须严格把控，采伐要有一定的时间限度，不可以毫无节制地砍伐林木，必要的时候应该采取禁山的方式对树木进行保护。只有这样，才能保证树木长成更加成熟、实用的优质木材。如果随时采伐，不加节制，对草木的生长是十分不利的。因此，要制定法律，保护山泽之利，保护林木成长，保证五谷丰收。除了保护山林植物，齐国还提出了保护动物的思想。《管子·八观》记载，齐国草木繁盛，牲畜的繁殖也较多，但不能因此而强行征收牲畜的税收。江海湖泊等池泽资源很多，水资源中的鱼类也多，但是不能竭泽而渔，必须把握尺度。齐国对动植物资源进行保护的朴素的生态系统观，以及维护生态平衡的实践经验，是为了使自然资源得到永续利用，这些思想直至今天，对于发展生态农业都有很大的借鉴价值。

凡此种种，证明了齐国的农业发展思想是非常丰富和先进的，对于推动齐国农业发展起到了巨大的作用。中国古代最早的商品经济是从农业和手工业之中分离出来，依赖于农业和手工业而存在和发展，因此农业的发展在很大程度上促进了齐国工商业的快速进步。

三、齐商之"弊"

首先，从商品经济与自然经济的关系来看。

春秋战国时期，商品经济以惊人的速度向前发展。这一时期，个体小农经济兴起，封建地主制经济逐渐形成，自然经济比春秋时期之前有所衰弱，但此时的商品经济仍在很大程度上依赖于自然经济，并不能分解和代替自然经济。商业原本就是从农业和手工业中分离出来的，即便是在封建社会的大多数时间里，自然经济始终占据主导地位，商品经济实际上所占的比重并不大，具有很大的局限性。

《管子·权修》中说："市不成肆，家用足也。"《盐铁论·水旱》中说："古者，千室之邑，百乘之家，陶冶工商，四民之求，足以相更。故农民不离畎亩，而足乎田器，工人不斩伐而足乎材木，陶冶不耕田而足乎粟米。"这两段话说的是，在当时个体农民家庭经济的模式下，男耕女织，农业和家庭手工业相结合的小农经济使人民可以实现自给自足，人们穿衣吃饭都可以通过自己的劳动解决，对于商品经济的需求非常少，只有极少数的物品，如食盐、铁器等才需要在市场上交换。而人们对于交换，也就是商品经济的需要，还只是生存与生活的基本需要，并不是为了通过商业活动发家致富。因此，商业的发展没有太大的空间，并非以实现交换价值为出发点和落脚点，还只是在商品经济的初级阶段缓慢发展，距离以市场为导向的"发达"商品经济形态还差很远。

那一时期的商品经营范围，主要集中在奢侈品、工艺品的交换上，主要目的是满足统治者的奢侈消费。这些物品的商业流通主要是通过贩运贸易。而人们生活与生产所必需的物质资料，如粮食等，也在贩运贸易中有所参与，但比重非常小，财宝珠玉等物品才是商品交换的中心。关于春秋战国时期珠宝生意的记载，史料中也有不少。如《韩非子·外储说左上》记载了"买椟还珠"故事，故事说的是，一个不识货的郑人以高价购买了一个华美的盛放珠玉的匣子，却将匣子里面最为宝贵的珠子还了回去。《韩非子·说林》则记载了"毁璞得玉"的故事，说的是一个非常识货的宋国商人，与人竞争购买定价百金的璞，他假装失手将璞摔坏，赔了璞价，但最终得到了宝贝，带回去之后雕琢成精美的玉器，值金千镒，赚取了很大利润。《战国策·秦策二》也记有吕不韦"珠玉之赢""百倍其利"的说法。这些都是战国时期商人做珠宝生意的写照。

由此可见，这一时期的商品经济依附于自然经济，独立于生产之外，主要是以贩运贸易为主，发展非常有限，这是此时商品经济的局限性之一。

其次，从商品经济自身的矛盾来看。

商品经济本身存在矛盾，就是无法实现对自身平衡的调节。比如，市场自由竞争导致物价过分偏离价值，违背价值规律；部分垄断行业暴利收入；生产社会化与生产资料私有制之间的根本性矛盾,导致阶级矛盾加剧;造成消费主义盛行,把消费变成手段,以消费促生产,导致过度消费,畸形消费等。

早在春秋时期,管仲就曾对商品经济有过比较客观和辩证的认识。他指出,商人"买贱鬻贵",获利是经商的正常要求,国家不应指责商人逐利的本性,他们游走四方经商买卖,在自己获利的同时也让国家在商业活动的税款中获得利益,增加了财政收入。但是若商人"蓄贾游市,乘民之不给,百倍其本"①,没有底线、不加限制地追逐利益,囤积居奇,投机钻营,就会导致"国之财物尽在贾人"②,那么财富就会集中到商人手中,国家利益必然受到损害。因此,管仲把商人分为两类,规范经商者称为"诚贾",而通过不正当手段敛财的商人则被称为"蓄贾游商"。管仲主张国家运用权力,制定政策,对商品经济进行调控,保护诚贾,制裁蓄贾,确保"贫富有度",保障农民利益,防止农民离开土地而经商,实现农商关系的协调发展。应该说,管仲对商业的辩证认识是客观的,体现了国商互利、农商俱利的思想,在后世农商关系思想的发展中产生了极其深远的影响。

再次,从商品经济对国家盛衰的双重影响来看。

商品经济的繁荣是基于国家经济的繁荣,同时又反过来推动经济更好地发展,从这一角度来说,商品经济对国

---

① 李山、轩新丽译注:《管子》,中华书局,2019,第941页。
② 李山、轩新丽译注:《管子》,中华书局,2019,第1010页。

家兴盛是具有有利影响的。春秋战国时期，各诸侯国奉行"农商俱利"思想，重商主义日益兴盛。重商主义的盛行，为各国带来了很多的积极作用。第一，突破了封建制度的世袭统治，促进了经济快速发展，也打开了社会各阶层的流动渠道，使贫者不恒贫，富者不恒富，在一定程度上创造了平等的机会，经济空前活跃。第二，手工业更加精细，货币也得到新的发展，贸易流通更加顺畅，新的雇佣关系出现，致使各诸侯国经济的各个领域都得到空前的发展，国家纷纷强盛起来。第三，经济的开放与繁荣带来文化的兴盛，开启了学术自由之风，创造了春秋战国时期百家争鸣的文化盛况。但是，这一时期的商品经济发展又是不充分的。在商品经济十分不成熟的阶段，过分重商，过度追求利益，是不切实际的。商品经济在国家发展的层面上存在局限性的短板，下面将试以齐、秦两国做对比。

齐国是农业型国家中的濒海经济型国家，齐文化是建立在内陆文化之上的外向型文化，其思想开放、重商务实、文化多元的特质，为当代社会所认同。从姜太公封齐建国开始，齐国历代统治者善用其滨海优势"通商工之业，便鱼盐之利"，获得诸多商业资源，大力发展工商业。"齐桓公用管仲之谋，通轻重之权，徼山海之业，以朝诸侯，用区区之齐显成霸名。"在大国争霸的春秋战国时代，经济是一国能否生存和强盛的重要因素。工商业为齐国带来了源源不断的财富，这些财富一部分实现了"富民"的目的，使百姓生活富足；另一部分流入国库，实现了"强国"的目标。齐国的工商业、都市均繁盛一时，出现了"车毂击，人肩摩，连衽成帷，举袂成幕，挥汗如雨"的繁荣景象。齐国凭借强大的经济实力，打造了强大的军队，齐国的君主还建立起稷下学宫，邀请天下名士到稷下讲学，齐国也成了战国时期的文化中心。齐国最能表现其经济力量之强的，便是齐国刀币的强大渗透能力，刀币进入到燕国、赵国等国，被多个国家使用。在思想上，齐国统治者倾向于通过"移风易俗"的方式对人民进行引导。姜太公的"因其俗，简其礼"，管仲的"俗之所欲，因而予之；俗之所否，因而去之"，都是这一思想的体现。齐国统治者认为，提高人民的道德水平，不能依靠政令，而是要通过强国富民的方法，使人们"仓廪实而知礼节，衣食足而知荣辱"。齐国给予国民非常宽松的思想学术空间。正因如此，在稷下学宫时，齐国文化与思想的繁荣达到了最高峰，而这些都以齐国繁荣强大的工商业为基础的。

而当时的秦国与齐国相比，是一种截然不同的社会体制。秦制的特点是"中央集权、农本思想、文化专制"。在经济上，秦国强调农本思想。秦人最初是亦农亦牧的民族，后来逐渐东迁，占据周人故地的渭水中下游，这里土质肥沃，灌溉便利，是最适合发展农业的地区。因此，秦人对农业的重视程度更高于其他诸侯国。《商君书·壹言》认为，农业是创造财富的根本。《商君书·算地》也记载，商鞅意识到"民壹，则农；农，则朴；朴，则安居而恶出""朴，则畏令"，这样就把农民牢牢地拴在土地上，使他们安分守己，安土重迁。《吕氏春秋·上农》里也有这样的记载，且论述得更加透彻，重农"非徒为地利也，贵其志也。民农则朴，朴则易用，易用则边境安，主位尊"。由此观之，重农的一个很重要的作用就是控制人们的思想观念，使百姓安定淳朴地守着土地，便于统治者管理，最终目的是确保"主位尊"。在这些政策的推动下，秦国的农业得到快速发展，这也是战国后期，秦国国土面积为天下三分之一左右，但财富却占据天下三分之二的原因。但对农业的过分重视，必然导致了工商业的压抑。

与秦国经济基础相匹配的政治制度，是中央集权，其主要的表现形式为郡县制。国君把土地分封给大夫，建立郡县，直属自己，实行集权。七国之中，秦的郡县制最为完善。商鞅变法的重要内容之一，就是把小的乡邑合为县，设立令、丞，令和丞都由国君任命，国君通过他们牢牢地控制地方，各个县的政治制度都是一样的形态，地方官吏不敢弄权，国君拥有至高无上的权力。需要特别说明的一点是，七国之中，只有齐国是没有实行郡县制的，偏向于分权管理，政权和军权都不集中在国君手中。据《国语》记载，管仲将齐国分为五属，每属设一位大夫进行治理，每年正月到国都述职；再如《史记·田敬仲完世家》中记载了齐威王曾在即位后的几年时间里不理政事，但并没有影响各地区的大夫治理各自的区域；此外《史记》中记载齐国攻打燕国时发起"五都之兵"等。这样就导致国君的权力相对秦国而言是较弱的。秦国刻意造就了小农经济基础上的以家庭为主要构成的政治结构,这种制度加上严苛的绩效奖惩机制,把大部分秦国男子都变成了骁勇善战的秦国兵士。而齐国则是以家族和宗族的力量为主要的政治力量。相比秦国而言,齐国的社会结构在很大程度上会阻止国君的权力向下渗透。这种制度有一定的优势,但在面临战争的时候则弊端尽显,其人民的服从性大不如秦国,远不及郡县制这种等级有序的官僚体制更加强大有力。

在思想上,秦国采取的是钳制人民思想的愚民政策,以维护其专制统治。商鞅认为,当人们没有学问,就没有外交,国家就不会有不安定的因素。"农战之民千人,而有《诗》《书》辩慧者一人焉,千人者皆怠于农战矣。"这句话的意思是一个有知识的读书人会带领一千个普通人不听话,懈怠农事和战争。秦始皇焚书坑儒的故事众所周知,而事实上开焚书先河者,应是商鞅。《韩非子·和氏》记载,在其变法期间,已经做过"燔诗书而明法令"的事,焚书的目的是闭目塞听,让百姓一直愚昧下去。后来的焚书坑儒只是将商鞅的思想扩大罢了。

用今天的眼光来看,毫无疑问,齐国的社会制度是更加先进的。因此,齐国自立国之初直至天下一统的八百多年里,几乎都是以大国、强国的姿态居于列国之间,而以农业立国的秦国的崛起远远滞后于齐国的兴盛,直至战国中期,秦国才跻身大国之列。但是,为什么齐国最终被秦国所灭?为什么统一天下的是秦国,而非齐国呢?这是一个非常值得研究的问题,其原因也是多方面的,而其中最为重要的原因之一，就是齐、秦两国对于商品经济采取了截然不同的政策态度。究其本质，则是商品经济对于国家盛衰而言，是具有双重性影响的。

在人类社会发展初期，农业是积累财富的重要手段，重农思想、农本思想的产生是符合当时社会进步需要的，也是历史正确的选择。纵观世界各国的发展，其初期的进程史莫不如此。但当重农抑商的思想随着历史的发展逐渐凝固起来，成为千年不变的国家政策而不得变通时，就会阻碍社会的进步。中国之所以在几千年来一直是农业大国，其根源就在于秦朝强大的中央集权和专制的思想控制使农本政策根深蒂固地延续下来。浓厚的"重农"氛围成了中国几千年近乎凝滞不变的经济和文化生态，铸就了中国人注重实际、追求安稳的文化心理，钳制了人们思想的独立和自由，使中国人固守着传统农业文明形态，困囿于保守封闭的眼界格局之中，对内缺乏进取意识，对外缺乏开阔视野，以至于到封建社会末期，中国因闭关锁国而导致了一段历史时期的衰败，所以说，重农抑商思想在历史发展中是有其局限性的。

然而，商品经济的作用也是一把双刃剑，因此，对于农业和商业的关系，应当辩证地看待。

齐国推行较为宽松的工商管理政策，这确实在很大程度上促进了商品经济的发展，出现了临淄城七万户，"举袂成幕""挥汗成雨"的盛况。但是，在当时的历史条件下，过分自由的商业发展，使私营工商业得不到合理的约束，导致了许多不利于国家强盛和稳定的情况出现。富商大贾大量地分割财富，减少了国家的财政收入；商业的快速发展，诱使农民弃农经商，农村人口大量涌入城市，导致大片田地荒芜，农业衰败，从而失去了商业发展的基础，更是失去了封建统治的根本支撑，这些都是以商治国的严重弊端。

同时，商品经济带来的功利主义也在很大程度上影响着齐国的国力。繁荣的工商业拉动和刺激消费，不断提升国民的消费水平，随之也带来了竞相攀比的奢靡之风。这一时期，奢侈品贸易十分盛行。奢侈品的商业利润很高，其贸易常为富商大贾所把持。"齐俗奢侈，好末技"[①]的现象已经蔚然成风。当时市场上常见的奢侈用品种类繁多，如贝、玉、丝帛、皮毛、齿革、珠宝、漆器等，各种珍奇异宝都能在临淄城的市场上便捷地开展交易。百姓沉迷于太平盛世的玩乐中，人心思安，畏惧战争。国家的政治和军事成了与平民百姓无所相关的东西，也就自然没有斗志去为国家开疆拓土了。部分齐国人受到功利主义影响，更看重自身利益的得失，不愿意为国家牺牲。从这个角度去看，商品经济的繁荣虽曾经给齐国人带来了富足安逸的生活，却也导致齐国从强盛走向衰败，最终让齐国人失去了富足和安逸的享受，沦落至苛刻的秦法统治之下。

与之相反，秦国是典型的重农抑商国家，一味推动武

---

① 班固：《汉书》，中华书局，2012，第3130页。

力发展。秦国推行商鞅制定的抑工商政策，大力发展农业经济，在国家的干预下，有限度地发展商品经济。虽然这种工商管理政策对商业发展极为不利，但在那个特定的历史时期和社会环境下，却增强了秦国的综合国力，也提升了人民的凝聚力和战斗力。在高压政策之下，百姓只知道耕战，开疆拓土事关秦国每一个人的切身利益，秦国的军事力量迅猛加强，最终"国以富强，其后卒并六国而成帝业"①。战国时期齐、秦两国都是强国，一度并称为东、西二帝，原本都有统一全国的实力，但因采取了不同的工商管理政策，加之其他因素，逐渐造成了齐衰秦强的局面。这从一个侧面也说明商业文化对历史发展进程的重大作用与影响。

综上所述，在土地私有化刚刚兴起的时候，与自然经济相对立的商品交换也悄然出现，它依附于传统的农耕自然经济体系，并与农业一起发展。中国古代的商品经济并不仅仅以农业生产为界限，而是包含着手工业、商业等多种经济成分，是中国古代农耕经济的必要补充。这种中国古代经济多元的结构和特征，催生了古代早期的"农商俱利"思想，使商品经济一度迅速发展。然而在当时的历史条件下，自然经济对商品经济的兼容程度十分有限，当商品经济的发展对于封建经济政治的稳定和传统道德的维系构成威胁时，"重农抑商"的思想在社会改革中应运而生，

---

① 桓宽：《盐铁论》，中华书局，2015，第72页。

这是符合封建社会发展必然要求的。但从历史发展的角度看，过度的"重农"或"重商"都是片面的，是有局限性的，这对于当代的经济发展依然具有重要的借鉴意义。俗话说："无农不稳，无工不富，无商不活。"今天的社会主义市场经济更应该辩证地协调农商关系，既要摈弃"重农抑商"，也要反对"扬商抑农"，求得农商平衡，建立农工商贸的良好关系，彼此取长补短，相互促进，实现各行各业、各种经济成分的一体化发展。

第四章

齐商文化和鲁商文化

第一节 鲁商之"鲁"

鲁商之"鲁",究竟是指先秦时期的鲁国,还是指近代以来的山东?今天的鲁商文化是怎样演变而来,其文化内涵是什么?齐商文化与今天的鲁商文化又有着怎样的渊源呢?

事实上,先秦时期的鲁国和近代以来的山东都是地域概念,先秦时期的鲁国所在之地位于今日山东境内。从出现的时间上来看,前者要远远早于后者,而从区域范围上来说,后者远远大于前者。

在先秦时期确实存在着鲁商这一群体。与齐商概念相近,狭义的鲁商,指的是鲁国的商人。《史记·货殖列传》中对于鲁国的商业有明确记载,并提及鲁人对经商十分有兴趣。书中记载:"齐、鲁千亩桑麻。"可见鲁国的桑麻种植十分普及。书中还记载了齐、鲁两国作为当时东方最大的诸侯国,同中原保持着频繁的商业往来。先秦时期,鲁国还诞生了多位富商巨贾,对后世影响深远,其中最有名的当属子贡。子贡,端木氏,名赐,是孔子的弟子,也是中国古代儒商的鼻祖。子贡经商有方,且颇具经商智慧,孔子称赞他"亿则屡中",意思是子贡料事总与实际相符。《史记·货殖列传》记载子贡曾在曹国、鲁国等地经商,常常经营"束帛"等珍贵丝织品的生意。也记载:"子赣既学于仲尼,退而仕于卫,废著鬻财于曹、鲁之间,七十子之徒,赐最为饶益。"说子贡在鲁、卫、曹、齐等诸侯国经商,受到了极高的礼遇。汉代王充在《论衡·知实说》中评价子贡说:"子贡善居积,意贵贱之期,数得其时,故货殖多,富比陶朱。"意思是子贡德能兼备、成就卓著,为后世所赞誉,人们将其与范蠡的经商事业并称为"陶朱事业,端木生涯"。

可见在先秦时期,鲁商确实存在,但它与今天我们所说的鲁商,是截然不同的概念。

今天我们所说的鲁商,并非指先秦时期鲁国的商人和商业。目前普遍认为,"鲁商"是山东籍从事商业营销活动的商人的通称。学界对于"鲁商"这一概念基本达成一致观点,即鲁商始于商周,形成于春秋战国,成熟于两汉,在此后的不同历史阶段,又有所发展与完善。此种说法大体上勾勒了山东商人的成长脉络。从文化源流的角度来说,鲁商文化是先秦时期齐、鲁两国商业文化思想的合体,它的商业内质和商业智慧主要来源于以工商业文化为底色的齐商文化,而它的商业伦理和商业道德主要来源于鲁文化中的儒学思想。齐商文化在历史的发展中，与鲁文化中的儒家思想逐渐融合，形成了今天的鲁商文化。因此，今天的鲁商文化，又称为齐鲁商业文化。之所以称为鲁商，是因为千百年来儒家思想对中国人影响深远，而且民国以来，山东的简称为"鲁"，所以通常把山东商人称为鲁商。但是一般来说，人们对于山东商人、鲁商、齐鲁商贾等概念并不刻意加以区分，它们所指相同。

第二节　鲁商文化的合流与初步形成

先秦时期，齐商文化和鲁商文化原本都是对应诸侯国别而存在的，以各自所在的诸侯国而得名。那么齐鲁商业文化又是如何发展、演变而来的呢？

俗话说，一方水土养一方人，每个地域风俗文化的生成，都是在先天的自然环境这一母体之中，由最初的思想启蒙的因子发展演变而来的。三千多年以前，中国历史上的两位著名人物为齐鲁大地注入了最初的精神因子，他们就是姜太公与周公旦。

周王朝建立以后，实行了分封制，当时山东境内的诸侯国分为三类，第一类是周王室的同姓诸侯国，即姬姓诸侯，如鲁、国、郭等国；第二类是异姓诸侯国，如齐、纪、莒等国；第三类是其他没有受到周王朝分封的本土古国，如莱国等。山东地域内的诸侯国数量很多，但大多都是小国，真正的大国只有齐国与鲁国，齐国的第一任君主是姜太公,而鲁国的第一任君主是周公旦。

周公旦是周武王同母之弟,是西周初期杰出的政治家、军事家和思想家。相传他制礼作乐,建立典章制度。其言论见于《尚书》诸篇,被尊为儒学奠基人,是孔子最崇敬的古代圣人。《史记·鲁周公世家》记载了周公旦教导即将到鲁国封地居住的儿子伯禽要勤奋俭朴,礼敬士人,千万不要骄狂。因此伯禽到鲁地后十分勤勉恭谨,因循周礼,十分保守,而这些特点直至三千多年后的今天,依然在山东人的精神气质、人文风貌中体现得十分明显。淳朴谦逊、重礼重义、真诚实干、循规蹈矩的性格依然是当代齐鲁商贾的普遍特质。而与此同时,姜太公则为齐国开启了一种截然不同的文化风俗之源头。太公封齐,开启了齐文化开放变革、崇尚重工、多元务实的文化传统。

齐、鲁两国比邻而居,但自然环境、人文环境等差异很大。到了春秋战国时期,列国争雄,齐鲁两国既是竞争角逐的对手,同时两国文化又不断相互渗透和交融。鲁国作为周王室的同姓诸侯,政治地位比齐国高,但其经济发展水平远不及齐国,尤其自战国以后,鲁国的综合国力和在列国之间的影响力都与齐国相差甚远,退出了大国行列。在文化领域,齐、鲁两国皆在存续期间创造了彪炳后世的文化成果,对中国历史影响深远。鲁文化中的儒家思想在千百年来占据主导地位,厚植于中国人的灵魂和血脉之中,而齐文化则是创造了丰富的文化和思想财富,稷下学宫、齐地兵学、齐派医学、齐地音乐以及齐地的工业和农业思想等宝贵的思想文化财富，皆对后世产生了深远的影响。

自立国之时起，两国的文化就在姜尚和周公旦两位开国者的不同的思想文化引导下向两个不同方向发展，但在它们独立成长的历程中，又不断碰撞、交锋，整个先秦时期齐文化与鲁文化的相互渗透和博弈始终不曾停止，而这种渗透与博弈对齐鲁商业文化内涵的塑造与形成发挥了至关重要的作用。

齐鲁商业文化的发展大致经历了两个阶段：第一个阶段是先秦至秦汉时期，其发展趋势为"易邹鲁为青齐"，意思是邹鲁之地的文化风俗向齐地靠近和转变；第二个阶段是秦汉以后时期，其发展趋势为"易青齐为邹鲁"，意思是齐地的文化风俗向邹鲁之地转变。不难看出，齐鲁商业文化在秦汉时期发生过一次重大转型，其内核也在那一时期基本确立。

一、齐鲁商业文化在先秦至秦汉时期的交融

齐、鲁两国都是东方的大国，比邻而居，但自然环境、政治基础、人文环境和治国方略都有很大的差异。

自然环境方面。鲁国地处汶、泗河流域，土质肥美，灌溉便利。农业生产发达，生活在这里的人很早就过着农业定居生活，形成以农业生产为主的内陆河谷文化。这与齐国所处半岛与滨海地区，"负海潟卤，少五谷而人民寡"，土质状况差，土壤盐碱化等条件形成强烈对比。

政治基础方面。因为是周王室的同姓诸侯，鲁国受到

的政治优待胜于齐国,能配享天子礼乐。鲁国在诸侯国中地位最高,有"望国"之尊,在很大程度上得到强盛的周王室的政治庇护。相比较而言,齐国是异姓封国,虽也受周室优遇,但较鲁国而言政治地位略低,政治环境严峻很多。姜太公开国后,面对内忧外患的局面:外部,东方的莱夷势力尚未归附,以武力抗争的方式威胁着齐国政权;内部,齐地的旧势力也对齐国统治采取对抗与不合作的态度,形成一股强大的反抗力量。姜太公一方面进行打击和整治,另一方面推行"因其俗,简其礼"的方针,最终扫清了政治障碍,使齐国大治,迅速强盛起来,跻身大国之列。可见,齐国在建国之初的政治环境远不如鲁国。

人文环境方面。一方水土养一方人,不同的自然环境也造就了两国差异巨大的人文气质。齐国是沿海国家,齐文化天性之中就存在着似于水的开放性、变通性和包容性,因而齐国风俗宽缓豁达,国民心胸开阔、头脑灵活,喜欢高谈阔论。齐国的自然地理条件容易造就出灵活变通,适应性和包容性很强的文化环境,齐人大多对环境的适应能力较强,具备发展创新思维。因此,齐文化呈现出开放兼容、通权达变的特质和"智慧型"的文化气质,属于功利型文化。而鲁国是内陆国家,鲁文化天性中带有近似于山的特性,气质沉敛,重视义礼,厚重不迁。"山中以奥而气敛,日长人静,响寂阴幽,自与仁者之气相应"。因此,鲁文化是崇德明礼的伦理型文化。

治国方略方面。齐国自开国始,太公推行"因其俗,简其礼""通商工之业，便鱼盐之利""劝其女功，极技巧"的治国方针，确立了齐国的重商传统。姜太公深知，农、工、商三业对国计民生的重要意义。提出了"大农、大工、大商"是国家"三宝"的思想。国无农无食不稳，国无工无器不富，国无商无货不活，因此，只有农、工、商并重，形成相互促进的有机系统，国家才能富强，财货才能流通，人民才会富裕。姜太公还在"三宝并重""本末并利"的基础上，制定了"九府圜法"。《汉书·食货志下》言："太公为周立九府圜法。"颜师古注曰："圜，谓均而通也。""九府圜法"是姜太公制定的货币制度，意思是九府通过通用的价值尺度，收取货物财币，相当于统一了财政收入的计量方式，然后用于国家的各种建设和支出。这种货币制度为周朝的经济管理、财政收入建立了完整、严密的管理体系，促进了经济发展、市场繁荣，而且为齐国后来"九合诸侯，一匡天下"的霸业奠定了基础。正是在这个基础上，管仲在三百年后，开创了齐桓公的霸业和中国历史上第一个真正的商业高峰。在姜太公政策的推行下，齐国发展成为人口众多、国力强盛、经济富庶、商业发达的大国。自姜太公始，齐国开启了开放务实、义利并重的文化与民风。

而鲁国作为周文化坚定的信仰者和忠实的推广者，全盘接受了周礼文化，将礼教文化嫁接到鲁地，试图对鲁国的本土文化进行全面改造。鲁地自夏商以来一直是东夷文化和中原文化碰撞最为激烈的地区，周朝建立后，周文化迅速东进后，与鲁地本土文化发生了激烈冲突。但在处理周文化与本土文化矛盾的问题上，鲁国的周公与齐国的太公采取了截然相反的方式。《汉书·地理志下》记载："周公始封，太公问何以治鲁。周公曰：'尊尊而亲亲。'"所谓的"尊尊而亲亲"，说的是在君臣之间要遵循尊卑贵贱有序，在伦理道德上要遵循父慈子孝、兄友弟恭等等。到春秋时期，礼崩乐坏，周礼趋于瓦解，列国之中只有鲁国还依然坚持着周礼的礼制，如《左传·昭公二年》记载，春秋后期，晋国韩宣子出使鲁国，赞叹"周礼尽在鲁矣"。这种治国之策使鲁文化自诞生之日起就带有强烈的封闭性和保守性。在这种背景之下，鲁国的经济发展主要依靠农业，走上了男耕女织式小农经济之路。鲁国地处内陆，适宜农耕，无法像齐国一样发展鱼盐等产业，因此在文化传统与自然条件的双重驱动下，鲁国经济向以农业为主的单一化模式发展，挤压了商业发展的空间。所以鲁国的商业活动虽然存在，但开国三四百年间一直没有太大发展，远远落后于齐国。

这一时期，齐国与鲁国的商贾文化开始合流，主要是伴随着齐文化与鲁文化的交流、交锋。

西周至春秋前期，尽管齐强鲁弱的政治格局已形成，但当时东方文化的中心主要还在鲁国。周鲁的礼乐文化依然具有强大的感召力，在诸侯列国之中地位尊崇。鲁国也刻意保持礼乐传统和文化大国的形象，作为傲视列国的资本。后孔子出，私学兴，弟子三千，说明鲁地仍然是文化中心。然而，鲁国的文化中心地位不断受到来自经济实力雄厚、文化风气开明的齐国的挑战，两国的文化博弈愈演愈烈，随着齐国国力的日益强盛，其文化影响力也日益增强，文化中心开始了由鲁向齐转移的东进过程。鲁文化代表人物孔子曾先后两次到过齐国，其思想的形成受到齐文化很大的影响。孔子的核心思想是"仁"，而孔子"仁"的思想包含了对齐文化中仁学思想的吸收、继承和发展。孔子站在更高的认识角度上来审视管仲的历史实践，对"仁"有了更深的理解，这反映出孔子仁学思想在其形成发展丰富过程中对齐文化的吸收。此外，齐文化中的民本思想、尊贤举贤思想等等都对孔子思想的形成产生了重要作用。从姜太公的"因其俗，简其礼""通商工之业，便鱼盐之利"到管仲提出的富民、利民思想，齐国从立国之初就把民情作为治国基础，这些思想也被孔子吸收到"仁"的思想中来。孔子一生尊贤育贤，培养人才，举荐弟子做官，《论语》记载他主张"先有司，赦小过，举贤才""君子尊贤而容众"，都是受到齐文化中尊贤思想的影响。这些都说明，在齐鲁文化的博弈中，鲁文化受到了齐文化的深刻影响。

到战国时期，列国的角逐更为激烈，鲁文化固守周礼、拒绝变通的封闭性和保守性愈发明显，越来越无法适应纷乱多元的新局势，这时开放变革的齐文化完全占据了上风。田齐政权创设了稷下学宫，出现了百家争鸣的文化盛况，促成了中国历史上第一次真正的思想大激荡与大融合，齐鲁文化的交锋也在这一时期达到巅峰。

稷下学宫是田齐的第三代国君桓公田午为聚集人才而设,集政治咨询、学术文化交流和教育等职能于一体,其任职人员采取聘任制,享受俸禄。它的存续时间基本与田齐政权相一致,其创办时间之长、规模之大、影响之深远,是整个古代教育史上罕见的。

稷下学宫中有两位最具名望的人物,是孔子之后的两位儒学大师孟子和荀子。孟子曾带众多弟子到稷下学宫游学,荀子多次进出稷下学宫,并三次担任祭酒,也就是稷下学宫的最高长官,一直是学界领袖。荀况继承了齐学的传统,他的学说突出了实用性和综合性,既以儒学为基本,又吸收了道、法、名、墨等理论,因此被人视为儒家的"异端"。他的思想包含了晏婴的礼治思想、孟子的民本思想,并突出地发展了朴素的唯物主义思想,推进了齐学对儒学的融合,提出了新的社会秩序和统治模式,成为先秦文化的集大成者。这时,齐文化与儒学的交融达到高峰,两种文化在相互渗透中彼此影响。此时的儒学还是一个开放的系统,它博采众长,获得了极大发展,受到齐文化礼治思想的影响。而齐文化中也融入了儒学思想,实现了儒学在齐鲁两国中的普及化。荀子还在其书中第一次将"齐鲁"并称,说明当时齐鲁文化的交流和融合已经大大推进。稷下学宫时期的思想融合在齐鲁文化的合流和齐鲁商贾合并的过程中,起到了至关重要的作用。自此,新的儒学成为齐鲁文化的核心,促进了齐鲁商贾性格的形成。但与此同时,之前鲁国文化中心的地位也被齐国彻底取代。此时齐国的经济、政治、文化呈现出全面繁荣的盛况。

纵观整个东周时期,齐文化有着强大的生命力和感召力。在春秋战国时期,齐国的强盛是经济、军事、文化的全方位的强盛,齐文化创造了一大批流传千古的宝贵思想财富。齐文化诞生了许多彪炳青史的政治家、军事家、思想家,除了姜太公、齐桓公、管仲、晏婴、孙武等人,更有战国时期的孙膑、邹衍、邹忌、扁鹊等。《管子》被誉为我国第一部百科全书;《考工记》被誉为我国第一部科技经典;《孙子兵法》被誉为我国的古代兵学圣典;稷下学宫更是我国第一所官办大学;此外,还有著名的齐派医学、齐国音乐等。此时,齐国取代鲁国成为名副其实的文化中心,齐文化成为战国时期东方文化的主色调,也为齐鲁商业文化初期的革新发展提供了文化内质。而与齐文化相比,鲁文化则呈现出明显的保守性。其一,长期以来鲁国的经济是单一的农业经济,商品经济并不发达。其二,鲁文化因循守旧,重礼义,保留宗法制度,形成了守旧的思想传统,并影响了民俗和民风。其三,鲁国的思想文化在内容上较为单一,以儒家思想为宗。齐国的学术思想在发展中不断吸收和容纳各家各派,不仅有道家、法家、墨家、阴阳家、儒家,还有纵横家、农家、兵家,乃至术士、方士等,而鲁文化则一直是儒家文化为主,没有太大的发展变化。鲁文化的思想还表现出明显的排他性,缺少民主的讨论和开放性的交流,未形成稷下学宫那样学术争鸣的繁荣局面。由此可见，这一时期功利务实、开放活跃的齐文化在风云动荡的春秋战国时代凸显出强大的影响力，这一点与因循守旧、崇德明礼的鲁文化是完全不同的。在这一时期，对齐鲁商业文化的形成和发展贡献最大的无疑是齐文化。

与此同时，齐文化又开放兼容地吸纳了鲁文化中的德性礼制因素，齐地的功利性文化和邹鲁的德礼文化互相渗透，使齐文化发生了自我主体的调整和创新，对齐鲁商业文化也产生了变革性的影响。早期的齐商文化带有强烈的实用性和功利性，但随着齐文化的发展转型，齐鲁商业文化中德的因素逐渐鲜明，并向着利义并重的方向发展。春秋末期，齐鲁商贾的代表范蠡"三致千金"，又仗义疏财，接济贫困之人，正是体现出齐鲁商业文化中德的内涵。所以齐鲁商业文化的初期发展，是以齐商文化为底色，融入了部分鲁文化的元素。

综上所述，齐鲁商业文化随着齐鲁文化的博弈和交流而不断融合。鲁国的立国基础胜于齐国，又地处东西交通要道，完全有发展商业的可能性。但其立国方针重视礼乐文明，全面接纳了周朝的文化传统，以农立国，缺乏商业精神，因循守旧，因此在齐鲁商业文化的前期交融之中，不得不处于被动屈从的地位，呈现"易邹鲁为青齐"的特点，即鲁文化向齐靠拢。同时，齐商文化也吸纳了鲁文化中的德礼因素，进行了一定的自我革新。将齐国、鲁国做对比，我们不难发现，齐国的商业传统一直胜于鲁国，先秦时期，对齐鲁商业文化的融合与发展贡献最大的无疑是齐商文化，因此，早期的齐鲁商业文化，主要是以齐商文化为核心内质，融入了鲁文化中德的因素，共同形成了齐为主、鲁为辅的文化结构，即以齐商文化为主体，吸收鲁文化德的元素于其中。

二、齐鲁商业文化在秦汉时期的交融

秦国统一六国后，齐文化和鲁文化的交融在战国的基础上继续推进。齐国虽然灭亡了，然而齐文化却没有随着国家的灭亡而迅速消亡，它作为一种地域文化，继续对秦朝，乃至西汉前期的文化产生了巨大的影响。

齐文化对秦国统一六国后的政治、文化产生的巨大影响主要表现在三个方面：一是形成于稷下学宫、基于阴阳五行理论的"五德终始说"，成为秦国统一和立法的理论依据。齐地的"八神"崇拜、黄老之学等也为秦王朝所用，齐学一度备受推崇。二是秦始皇对齐地的迷恋和对齐方士的轻信，对秦朝的政治产生了巨大影响。秦始皇统一全国后，曾四次巡狩，其中三次以齐地为中心。他十分相信齐地方士，命令他们为自己寻求长生不死之药，最著名的事件是曾派徐福入海寻药。此外他重用方士，造成了燕齐方士数千人入咸阳的局面，使齐方士由民间走进朝廷。但后来，秦始皇与方士之间的矛盾，直接引发了"焚书坑儒"。齐人淳于越的直谏和方士的欺骗，触怒了这位刚愎自用的暴君，导致他发动了"焚书坑儒"，杀死了许多儒生、方士。除此之外，秦王朝历史上两位著名人物韩非和李斯，都是曾担任过稷下学宫祭酒的荀子的学生，他们为秦王朝法制理论的完善和建设做出了很大贡献，这使得齐鲁文化的交融得以延续。然而，秦朝采取的高压政策在客观上限制了齐鲁文化的发展空间，阻碍了多元文化互补性作用的发挥。特别是重农抑商之策开始广泛推行，"上农除末"的主张被刻到了琅琊台（在今山东胶南）上，而这一时期，重视工商业的齐人是秦国这一政策整顿和改造的重点对象，齐鲁商业文化在阻滞中向前发展。

齐文化对西汉前期政治、文化的影响，主要表现在两个方面：一是形成于齐地的黄老之学，成为汉初统治者的治国思想。历史上著名的文景之治，就是黄老思想指导下的产物。二是齐地学者对汉初经学的发展做出了杰出贡献。刘邦重用叔孙通制定朝仪，反映了齐地经学之盛；汉惠帝时经学复盛，出现了经学大师云集的状况，其中多为齐人。《史记·儒林列传》记载，"五经八师"中，有四位（辕固、伏生、田生、胡毋生）是齐人。钱穆先生考证，汉初经学博士十二人，其中六人是齐人。这一时期，汉朝统治者采纳了齐学中黄老之学的无为而治思想，国家治理大乱之后经济疲软，社会环境相对宽松，使齐鲁商业文化得以复振。但商业复兴的同时也带来了一系列的社会问题，比如贫富两极分化严重，区域政治经济生态失衡，大量的土地和财富集中到了少数巨商富贾手中，统治者的利益受到了影响。因此，到汉武帝时期，国家正式采纳了董仲舒的建议，

"罢黜百家，独尊儒术"，从此黄老之学便淡出了政治舞台，儒学则成为官方哲学。但需要说明的是，汉武帝推行的儒学思想，并非先秦时期儒家孔子的原生思想，也区别于稷下学宫时期改造之后博采百家而诞生的儒学思想，而是被董仲舒改造过的儒学。董仲舒是齐学公羊学大师，他标榜的"儒术"，既包含齐文化的"仁"学思想，又包含了齐学中阴阳五行的思想。改造后的儒学在先秦时期儒学思想的基础上，糅合了齐文化的许多因素，如阴阳五行学说等。至此，齐文化和鲁文化的交融告一段落。同时，重本抑末的古代正统经济思想也在西汉后期正式形成。这一时期，齐鲁商业文化也随之发生了质的转变。

儒家思想开始占据思想主导地位之后，其仁者品格和道德价值观开始渗透进齐鲁商业文化之中。齐鲁商业文化由先秦时期"齐为主、鲁为辅"的文化结构转变为在儒家文化主体之上吸收齐商文化精神的"儒为主、齐为辅"的文化结构，内核发生了重大转型。至此，齐鲁商业文化基本形成，其文化内核也基本确立。

自此之后，齐鲁商贾精神开始了"易青齐为邹鲁"的转型。原本以齐文化崇尚重工和重谋尚智为底色的早期齐鲁商业文化，其内核被鲁文化中的德礼因素所替代，儒家文化反客为主，成为主导齐鲁商业文化性质与方向的决定因素，从此确立了齐鲁商业文化尚德重义的价值取向。齐鲁商贾精神的文化底色的转型，对后世齐鲁商贾的命运产生了深远影响。齐鲁之地自西周立齐以来形成的多智变通的"功利型"商业文化,被儒文化的"道德型"商业文化所取代,尽管成就了后世齐鲁商贾的良好口碑和道德形象,但同时也使其在商品经济的发展中丧失了原本的优势,再难恢复先秦时期的辉煌。

第三节 齐地商业文化在秦汉以后的发展

经历了西汉时期的重大转型之后,齐鲁商业文化的内核正式确立,先秦时期的齐商与鲁商正式合流,形成一股地域商贾力量并在历史上延续和发展下来,在不同的历史阶段各有不同发展,呈现出不同特点。

一、中国古代重农抑商政策下的商人地位

公元前356年,秦国商鞅变法,在中国历史上第一次提出了"事本禁末"的主张。"本",指的是农业;"末",指的是商业;"事本禁末"的意思就是要从事农业生产,而禁止开展商业活动。这是历史上第一次明确提出对商业的压制。商鞅规定,以农业为"本业",生产粮食和布帛多的,可免除本人劳役和赋税;而以商业为"末业",游手好闲的贫穷者,全家罚为官奴。秦国统一六国后,继续推行重农抑商的政策,规定凡是商贾户籍的人,包括他的子孙,都需要服役。

到了汉代,统治者提出了两个政策,分别是"盐铁官营"和"均输平准"。所谓"盐铁官营",就是规定盐、铁

等资源归国家所有，官办官营。管仲的"官山海"政策内容是盐、铁等重要资源收归国有，但允许私商经营。汉武帝时期，盐、铁等资源的经营权全部收归了国家，这是国家与商争利的最主要途径之一。"均输平准"的意思是由国家统一调配各地的重要物资，进行售卖或者储备，用以调节市场，商品价格过高的时候，国家就把囤积的这些物资平价卖给百姓，这样一方面平抑了物价；另一方面也抑制了商人，让他们没有大利可图。这两个政策都是宏观调控政策，实际上也是国家和商人在争夺利益。此外，汉代对商人的限制体现在方方面面，根据《汉书·食货志》记载，汉代的商贾不能穿丝绸的衣服、不能乘坐马车，政府加倍征收商人的税款，商人不能拥有私有土地，商人及子孙永远不能做官……此后历代统治者对商人的态度，基本就这样沿袭下来了。

魏晋南北朝时期，由于战乱频繁，社会经济萧条瘫痪，甚至"钱货无所周流"，商品经济十分微弱，商人地位更加卑微。统治者对商人采取了极端歧视的态度。《晋书·符坚载记》记载："金银锦绣，工商、皂隶、妇女不得服之，犯者弃市。"此外，商人的着装也有明确规定。《太平御览》记载，西晋时期，商人外出经商，必须一只脚穿白色的鞋子，另一只脚穿黑色的鞋子，用这种方式表明自己身份，其生活十分屈辱。

尽管自秦开始推行重农抑商的政策，但唐代以前，商人的势力依然几经消长，如西汉初年、东汉初年等时期，统治者为宽缓社会矛盾和推进经济发展，都采取了较宽松的经济政策，商业得到了短暂的发展空间。但就整体而言，因受到国家"重农抑商"政策、社会"贱商"环境等诸多因素的影响，商人的历史地位一直比较低下，尤其是政治地位。主要表现在三个方面：其一，商人被列入"市籍"，不得做官，没有改变阶层的途径。其二，商人的地位远远低于士人和庶民，没有"自由民"的地位。其三，商人在社会法律等范畴之内受到歧视，最为典型的当属西晋时期商人在着装上遭受的限制。到了唐代以后，随着农业、手工业的发展，商品经济出现了繁荣态势，政府在权宜之下采取了宽商政策，商人的地位有所提高，但较为明显的是少部分的上层大商人以及大部分的中小商人依然是政府盘剥的重要对象，生活十分不易，地位依旧低下。不过商人群体的生活状态总体上还是呈现出改善的趋势，如取消了商人专门的户口"市籍"，商人取得了和士人、庶民一样的政治地位；商人可以参加科举考试，可以与官员交往和联姻；服饰、器物、用具等不再受到严苛的控制等。

唐宋是中国历史上商品经济较为繁荣的时期，统治者在一定程度上改变了对商人极端蔑视的态度，商人的地位略有好转。唐代的户籍制度和秦汉时期有了一定的差异，开始有了良民与贱民的区别。良民也叫自由民，是编进户籍的人，而贱民没有资格进入户籍，只能依附于主人家。唐代的贱民主要包括两种：一种是给官府服役的，叫官贱民，也就是官家的奴婢；一种是依附于门阀等有势力的家族的,叫私贱民,大多也是仆人、奴婢等。贱民属于私人的财产,可以像货物、畜产一样交易。这一时期,商人属于良民的范畴,拥有户籍,但是,良民分为士农工商,商人排在良民中的最末,地位较低。在唐代,高官是不会进入商人聚集的市的,以彰显地位高低有别。

进入宋朝以后,商人的地位没有明显的改变。宋朝是中国封建社会里经济最繁荣、文化最昌盛的一个朝代。这时,商品经济活动已经很活跃了,对外贸易也很发达。国家在多处设置了市舶司,即对外贸易的港口。和北宋开展贸易的国家也有很多。此时国家为了维护商业贸易的开展,不得不开始立法来保护商人的利益,避免各级官吏对商人进行盘剥。但是这些法律和措施并没有得到最终执行,因为统治者依然还是推崇"农为本、商为末"的思想,同时,也是出于朝廷与商人争夺利益的需要,就采取各种措施抬高地主阶级的社会地位而压制商人,商人的社会地位依然是很低的。

到了明清之后,商人的处境十分尴尬。明清时期,中国经济已经开始出现向工业文明演进的趋势,但是,与此同时,明清时期又进入了封建社会晚期,封建制度已经开始走向衰落。统治者为了追求内在的稳定,确保皇位的传承,即便是知道商业可以带来财富,但还是选择巩固原来的农业经济,而不肯去鼓励冒险创新。明朝初年,朱元璋规定农业家庭可以穿细纱绢布,但如果家中有人经商,那么这些好的衣服是不允许穿的。政府还通过采办、专卖等方式开设官店,与商人争夺利益,进行压榨。明清时期采取海禁政策,就是关闭国门,不允许百姓和海外的人做生意,开展对外贸易的商人经常被当作海盗来剿灭。到了清朝雍正皇帝时期,雍正皇帝又一次强调了四民的顺序问题,他认为,除了士以外,就属农业最为重要,所有的工商业者都是依赖农业生存的,所以,农业是天下的本,工商是末。由此,我们可以了解,那个时期,工商业发展非常艰难。一方面,生产力发展水平已经达到了一定的程度,商业活动也已经成为常态;另一方面统治阶层又不断施压,抑制商业发展,所以商人的处境非常尴尬。清朝时期,商品经济最发达的宁波绍兴一带商贾云集,当时流行着一种嫁女儿的风俗,叫作"十里红妆"。商人虽然拥有大量的财富,但是因"重农抑商"的政策,政治地位的低下,无奈之下需要通过联姻来结交士大夫,以此来提高自身的地位。富商们给女儿准备大量的嫁妆,铺满十里长街,为自己打出商业广告,以此扩大政治联姻的影响,其目的还是提高社会地位。由此我们也可以看出当时商人的无可奈何。也正因为如此,明清时期虽然产生了资本主义萌芽,但是却始终没有办法过渡到真正的资本主义。

可见在整个漫长的封建社会里,商人的地位始终非常低下,这与几千年来重农抑商的政策有着密切关系,而这种政策又是由经济基础决定的。中国一直是农业大国,农业的生产状况直接关系到国家的兴衰存亡。发展农业,国家不仅可以征收稳定的土地税,还可以将农民牢牢地束缚在土地上。假如发展工商业，就容易造成劳动力从土地上流失，动摇封建统治的根本。另外，商业文化的逐利属性从本质上来说与数千年来占据中国思想统治地位的儒家思想是对立的，这也成为部分商人缺乏社会尊严的重要思想原因。

二、秦汉以后各朝代齐地的商业发展

就整体而言，在历代统治者重农抑商经济政策和思想的影响下，秦汉以后齐地的商业发展是十分缓慢的，度过了一段曲折的过程。但尽管如此，齐地的工商业发展在每个朝代都有所进展，并呈现出不同的特点。

（一）两汉时期齐地的商业发展

两汉时期，随着国家商业政策几度变化，宽严相间，齐地的工商业发展也几经起落。

西汉前期，经济萧条，百业荒废，统治者以黄老思想作为治国方略，在汉初的六十余年时间里推行休养生息的政策，减轻赋税，鼓励人口，齐地的工商业迅速恢复和发展起来。秦末，在战火浩劫之下，许多城市残破萧条，齐地也是如此，但经过汉初的休养生息，齐地很快恢复了昔日繁华。汉武帝时期，齐地在之前繁华的基础之上，凭借丰富的资源优势和良好的商业传统，成了全国最富庶的地区。这时纺织业依然是齐地的优势产业，汉初还在临淄设立三服官,"天下之人冠带衣履,皆仰齐地"①。随着陆上丝绸之路的开辟,齐地的丝织品源源不断地输往各地,齐地成为"丝路"的源头之一。

但到汉武帝时期,战争频繁,国家财政出现了危机,加之此时许多富商大发国难之财,大肆赚取私利,国家财富很大程度流入私商手中,引起了汉武帝的极度不满。为了解决财政的困难,汉武帝开始推行"盐铁专卖"和"均输平准"的政策,垄断盐、铁的生产和销售,宏观调控粮食买卖,堵塞了商人获利的途径,其本质上是与商人争利。此外,汉武帝开始对工商业者征收各种高额财产税,并任用酷吏推行政策,导致了大批富商因家庭财产遭到侵夺继而破产。自这时起,严苛的工商业政策开始推行,严重打击了西汉前期蓬勃发展的商品经济,齐地商业转入间歇期。由于这些政策对社会经济的破坏力极强,实行不久就被叫停,然而汉武帝时期兴办的大多数官商部门却都被保留下来,对汉代的经济发展产生了深远影响,最为显著的影响是使西汉后期官营商业发展迅速,垄断经营态势增强。

西汉后期,商品经济的发展环境有所好转,但拥有发展空间的主要是官营经济,垄断经营不断加强,官商与私商随之分化,私商的发展较为艰难。齐地的传统优势产业盐铁行业变成了官府把持,私商无权涉足经营,因而迅速衰落下去。这一时期的垄断专营导致了商人群体的分化,

---

① 班固:《汉书》,颜师古注,中华书局,2012,第1482页。

官商勾结的情况开始出现。有资格从事盐铁经营的商人，大多是资材雄厚的上层盐铁商贾，《盐铁论·刺权》记载，他们跻身官吏之间，而民间工商业生存发展的空间受到限制，失去了自由的经商环境，社会经济缺乏活力。

东汉时期，经济政策再次放宽。因东汉政权是在地主豪强的支持下建立起来的，曾"卖谷于宛"的光武帝刘秀奉行"柔道治天下"的方针，随着汉王朝"中兴"，齐地商业再次活跃。汉和帝时废止了盐铁专卖政策，对盐铁实施民营征税政策，并一直持续到东汉末年，私商的经营空间再次好转。齐地的传统优势产业纺织业依然发达，齐锦驰名中外，通过"丝绸之路"可以远销各国。在私商得以恢复的同时，自西汉时期就已出现的豪强地主的田庄经济，在东汉时期正式兴起，在从事农业生产的同时，还开展活跃的商品经营活动，在田庄内部和田庄与田庄之间进行各类农业、手工业产品。因此当时的齐地田庄林立，土地兼并十分严重，导致大量实力较弱的农民破产，继而被迫加入商贾行列，成为小规模经营的私商。而田庄则逐渐成为农工商相结合的经济体。

（二）南北朝时期齐地的商业发展

南北朝是中国古代的大动荡时期，战争不断，商业发展受到重重阻碍。但这一时期，齐地的农业和手工业依然比较先进，累积了较多的农产品和社会财富。《晋书》记载："青齐沃壤，号曰'东秦'，土方二千，户余十万，四塞之固，负海之饶。"说明齐地土壤肥沃，五谷丰富。此时，丝织业依然保持国内领先地位，青州生产的"齐纨"等丝织物誉满天下，此外齐地的煮盐、矿冶、制陶、酿酒等产业皆有所发展。南燕时曾在商山（今山东桓台西南）立冶采铜，并专门设置了铜官令，而淄博寨里则存有可以确定为北朝时期的瓷窑遗址。齐地名著《齐民要术》中则对酿酒业有着详细记载。

《齐民要术》作为齐文化的重要历史典籍之一，是北魏时期齐地太守贾思勰所作的一部综合性农书，也是世界农学史上的名著之一。《齐民要术》书名中的"齐民"意指平民百姓，"要术"指谋生的方法。全书提倡奖励农耕和科学的耕作方法，强调注重实践，内容涉及了粮食、油料、纤维、染料作物、蔬菜、果树、酿造、腌藏、果品加工、烹饪等门类。除了对于农业生产的记述，《齐民要术》中体现的求利思想和商业经营方式也对后世影响深远，如重视市场的作用、把握价格变化规律、通过关注季节的变化增加销售收入、注重投资效益等。

（三）隋唐时期齐地的商业发展

隋唐五代时期，山东地区的桑蚕业依然兴旺，丝织业还是当时山东地区的主要手工业，齐地的齐州（治今山东济南市）、淄州（治今山东淄川）、青州（治今山东青州市）等地的绢产量较多，且品质优良，"齐纨鲁缟"闻名全国，因此成为山东地区每年上贡的主要产品。除了绢以外，还有绫、䌷等，也同样为每年的上贡之物。唐代文学作品中即有对于齐地丝织产品的描述，如唐代诗人杜甫曾在诗中有言："齐纨鲁缟车班班，男耕女织不相失。"隋唐时期，齐地的煮盐业相当发达，即墨、莒县等地都是当时著名的煮盐地区，山东的煮盐收入成了国家财政的重要源头之一。隋唐时期，山东地区还是全国重要的金属冶炼基地之一，矿冶业有了很大发展。当时齐鲁地区有多个矿冶业城市，据《元和郡县图志》记载，莱芜冶铁和冶铜之处非常之多。除此之外，山东地区的酿酒业也有悠久的历史。隋唐时期，酿酒业的规模有了新的发展，市场上出现了大量以家庭为单位的酿酒作坊，进行较大规模的生产。唐代山东生产的酒统称为鲁酒，是当时全国著名的好酒，在许多文学作品中都有体现。诗人李白对鲁酒爱不释手，写有众多诗文赞颂鲁酒，其中《沙丘城下寄杜甫》一首云："鲁酒不可醉，齐歌空复情。"另外，隋唐时期山东地区的陶瓷业也有明显发展，其中齐地的许多地区，如今天淄博的寨里、磁村都是当时重要的瓷窑址。这些瓷窑主要是烧造碗、瓶、壶、罐等黑釉瓷器，其釉质晶莹滋润，烧造技术很高。在济南、烟台、即墨、青州等地还发现了代表唐代生产力水平的著名艺术珍品唐三彩，这些出土文物色彩艳丽，工艺细致，反映了当时生产技艺的高超。

隋唐时期，山东地区的城市商业、农村集市贸易和海外贸易都有很大程度的发展。当时山东地区的都督府及州县都设置了开展商品贸易的市。市的经营时间大致自正午开始至日落前结束。商业的繁华也推动了城市的发展，当时山东地区出现了一批经济十分富庶的城市，如齐地的青州"凭负山海，擅利盐铁"[①]，成为最繁华的都市，农桑兴盛，丝织业尤为发达。当时的青州城商业繁华，从事各种行业的人集聚城内，工商昌盛。安史之乱后，唐政府在青州设置节度使，负责山东沿海的开发和对外贸易。齐地的城市商贸空前高涨。隋唐时期，除了城市商业十分繁荣，商业在农村也得到了进一步发展，山东地区出现了许多农村的"草市"或"墟市"，其中有些规模相当可观，如德州安德县（今山东陵县）南境的灌家口草市，其规模十分庞大，在当地具有很强的影响力，因此唐宪宗时期，国家将安德、平原和平昌三县部分地区分割出来，在这里设置了"归化县"。这种草市在当时的齐地也为数不少。

随着隋唐时期大运河的开凿，就整体而言，山东西部地区的商业发展要先进于东部地区。但在运河商贸发展的带动下，齐地整体的商业发展状况同样十分可观，特别是海外贸易的优势十分凸显。随着城市规模和各种行业的发展，齐地商业呈现出前所未有的增长势头，大城市中店铺林立，商贾云集，货物丰足，城市与城市之间的贸易，以及海外贸易均日益频繁。齐地的登州、莱州是商业贸易的集聚之地，是隋唐时期与他国通商的重要口岸，人参、鱼牙、海豹皮等海外奇货皆是通过登、莱两港转运至长安乃至全国各地。不仅如此，登、莱两港也是全国对外贸易的

[①] 杜佑：《通典》，中华书局，2016，第4768页。

周转中心，周转商品的品种众多，谷物、木材、丝绢、瓷器等一应尽有，齐地沿海的诸多口岸成了海外贸易和跨国交流的前沿基地。

（四）宋元时期齐地的商业发展

宋元时期，齐地的商品经济进一步发展，丝织、矿冶、制陶、酿酒等生产水平和贸易水平皆有所提高。这一时期人们的商业观念发生了一定的变化，对于商业的作用有了明确认识，宋人已经认识到商业是社会经济发展中不可缺少的组成部分，明白了商业与农业一样都是财富之源。因此，一些鼓励商业发展的思想随之产生。宋代商人的地位有所提高，被视为与其他社会阶层平等，"舍本农，趋商贾"的风气很盛。

丝织业历来是山东地区最重要的手工业部门。北宋时期，具有"齐纨鲁缟"之称的山东纺织业又有新的发展，其中尤以绫罗绸绢等丝织品的生产最为驰名。当时的织品种类花样众多，质量均属上乘，技术更为精进。宋政府在青州设置了专门的织锦院，负责织造军队用的布帛和宫廷、官府用的名贵丝织物。这里生产的产品，如绵绮、鹿胎、绫透背等，皆为工艺复杂、花纹繁复的精品，专门上供朝廷。除了官营纺织部门外，山东地区的民间丝织业也在这一时期十分发达，济州、青州等地出现了一批专门从事纺织生产的专业户，称为"机户"。机户拥有独立的家庭手工业作坊，虽然与官营相比规模较小，但其技艺精湛，甚至部分地区的丝织水平超越了江南，堪称全国一流，其产品主要由官府收购。机户的产生说明传统家庭丝业开始从农业中分离出来，成为山东私营手工业作坊的重要组成部分，也标志着宋代丝织业发展水平的提高。至元代，丝织业进一步发展，官营、民营皆规模较大，品种齐全，产品销往全国各地，有些产品还远销海外。高唐州丝绸在元代盛名远播，许多商人纷纷赶往高唐购买，后经海路贩运进行贸易，齐鲁地区丝织业的发达程度可见一斑。

山东矿冶业在宋元时期颇具优势，齐地的金、银、铁矿皆有开采。北宋时期，山东金矿产区主要分布在登州和莱州，铁矿产地主要集中在兖州、登州、莱州、郓州、青州。冶炼技术大幅提升的同时，官营矿冶改为民间经营，提升了百姓的积极性，极大地推动了山东矿冶业的发展。至元代，矿冶业依然是山东的重要手工业部门，铁矿分布在济南、莱芜等地，铜矿集中于青州、临朐等地，银矿集中于般阳、牟平等地，当时的金业尤为发达，金矿主要集中在登州、莱州、青州、栖霞等地。但元代苛税繁重，很大程度上影响了矿冶业的发展。

宋元时期是山东地区陶瓷业发展的黄金时期。山东境内发现了大量的宋元陶瓷窑厂，数量之多、产量之大，均是之前朝代所未有的。宋金时期的陶瓷产品种类繁多，青釉、黑釉、酱色釉、黄釉、白釉、剔花、白地黑花、釉上彩等都在其中。元代的陶瓷产品相对品种较少，主要以黑釉、褐色釉、白地黑花等为主，器型较之宋代更加厚重。

宋元时期山东的陶瓷产品，除了少数白瓷等名贵精品供皇族、贵族使用和收藏外，大多产品为中低档生活用品，面向普通百姓。宋代山东瓷器产区主要分布在淄博、泰安、青州等地，其中以青州白瓷最为著名。青州所产白瓷质细胎薄，釉彩晶莹，是当时瓷器中的精品，具有很高的工艺水平和艺术价值，专门用于上供朝廷。此外，淄博也是宋代著名的瓷器产地，淄川区磁村发掘出宋代瓷窑炉十座，成型作坊遗迹一处，窑炉一座，烘烤炉二座，釉料池一座，井一口，并出土了碗、罐、盘、碟、杯、钵、盆、瓶等大量瓷器制品。元代山东的陶瓷产地主要分布在淄博、枣庄等地，生产水平依旧很高。瓷器以白釉为主，装饰技法丰富多彩，尤其以淄川坡地窑所制瓷器最具代表性，这些产品造型优美，花纹丰富，多以花卉、水草、水波、鱼纹等为主题，一件瓷器上带有多种纹样，配有"清静道德""风花雪月"等，体现出窑工的纯熟技巧。

山东是古代最早的海盐产区，宋元时期，山东制盐业依然兴盛。盐产区主要分布在齐地的登州、莱州、滨州、青州和无棣县等。宋元时期，政府对制盐业的管理日趋规范。宋仁宗时期，放松了对盐禁的控制，榷盐政策渐渐废止，山东盐业大兴。宋朝政府先后在密州、登州、青州、滨州等地设有六处盐场和六处盐务，管理盐业生产。至元代，元朝政府专门设置了山东盐运司作为管理盐业的机构，治所济南，下设分司和盐场。这些机构的设置，表明宋元时期山东盐业经营管理体制渐趋完善。这一时期，盐税依旧是政府的主要财政收入之一。

宋元时期，山东地区的采煤业也得到一定发展。淄博部分宋金时期的陶瓷窑场中已出现了烧煤窑和烧煤炉，说明在宋金时期煤炭已经开始作为陶瓷烧制的燃料。元代山东的产煤地区主要是峄州、淄川和博山等地。1976年，考古工作者在淄川磁村华严寺发掘出两座元代墓葬，墓葬周围有挖煤坑，说明元代时期淄川是重要的煤炭产区，其开采已有一定规模。而据《博山县志》记载，元代开始，博山的煤矿也得以开采。由于元朝统治者对煤炭业有着严苛的控制，不允许民间挖掘，因此煤炭业发展是受到制约的。直至明清时期，山东采煤业才有了较大发展。

宋元时期，原本较为发达的山东交通又有了新的发展，为齐地的商贸开展提供了更大的便利条件。从陆路交通来看，宋代时期，山东地区各州县之间，各州县至京师等地均有驿道相通。至元代，为了快速传达政令军情，元政府在之前驿络通达的基础上，更建立起遍及全国的站赤制度，以元大都为中心，在全国设立一千五百余个站赤，加强了山东与全国各地的联系。从水陆交通来看，一方面，大运河依然是山东内陆水运的主要通道，发挥着重要的运输作用，使山东成为内河漕运的重要地区；另一方面，山东的海运交通也更加便捷，尤其以元代最为发达，漕运的成功尝试使人们对海运充满信心，海运很快成了水路运输的主流方式，并且在当时开辟了三条新的海运路线。四通八达的交通在客观上大大促进了山东地区的商旅往来和商业繁荣。

北宋时期，山东商业贸易和城市经济比唐代更为发达，城乡之间农副手工产品交换极其频繁，区域性短途贸易、全国性长距离贩运贸易和海外贸易均得到长足发展。随着宋代商品经济的空前繁荣，货币需求量也越来越大，当时四川地区开始印发世界上最早的纸币——交子，但流通区域不大，未及山东，山东地区的货币以铜钱为主。从20世纪七八十年代的考古发现来看，山东多地出土了大量的宋代铜钱，可以看出宋代货币铸造和流通十分繁荣，也反映了山东货币经济的发达。此外宋元时期山东商业税额大幅增长，这一方面反映出封建政府对百姓的盘剥加重，另一方面也反映出当时山东地区商业的繁荣程度。除了国内的商品经济发展，山东地区，特别是齐地的海外贸易也有长足发展。宋代是山东海外贸易的重要历史时期，这时的山东海外贸易出现了前所未有的繁荣盛况。北宋初期，对外贸易地区依然集中在登州、莱州两港，但当时宋辽交兵不断，为防止山东商人通过海外贸易与辽境私通，于是宋朝政府关闭了登州、莱州两港的对外贸易，将外贸港口转移至胶州湾北岸的密州板桥镇，并在该地设置了市舶司机构，以具体管理外贸事宜。板桥镇市舶司是当时全国的五大市舶司之一，它的设立，一方面表明北宋政府对山东海外贸易的重视，另一方面也印证了山东商品经济的繁荣。当时，山东进出口货物品种众多，数量巨大，到了北宋中后期，板桥镇已取代登州、莱州两港的地位，成为山东乃至北方最大的外贸港口。南宋时期，板桥镇市舶司虽未继续设立，但此处的海外贸易依旧发达，保持着南北海上货物集散中心和海外贸易的两大优势。到了元代，对外贸易的重心主要落到了南方，山东没有再设置市舶司，但民间海外贸易依旧活跃，胶州、密州、莱州、登州等城市依旧是重要的对外港口。整个宋元时期，山东的海外贸易始终没有停止。

（五）明清时期齐地的商业发展

在春秋战国至盛唐的近两千多年间，山东地区的经济一直处于全国的发展前列，山东是国家的经济重心之一。中唐以后，山东经济地位有所下降，但直到北宋始终是中央政府的重要赋税来源和财政支柱。北宋末年起，北方地区战火不断，山东也成了各方政治力量角逐的主战场，经济遭受了巨大破坏。从12世纪至14世纪，经济中心由北方转移到远离战争的南方，山东商品经济发展逐渐势弱。但尽管如此，明清时期，山东地区的商品经济依旧出现了比较繁荣的景象，许多农副产品和海产品大量投入市场，商品化程度提高；手工业长足发展，出现了资本主义萌芽；商业城镇越来越多，商品流通越发便捷；社会风气与人们的观念也随着商品经济的繁荣发生了深刻变化，重商趋利之风盛行。

明清时期，山东农产品的商品化程度大大提高，棉花、烟草、果品等经济作物，以及海盐、海鱼等许多海产品都被大量投入市场，并成为大宗商品。随着棉花的普遍种植，特别是棉布商品化生产的兴起，家庭棉纺织业逐渐兴盛起来，齐地也多兴此业。此外，丝织业、陶瓷业、采煤业等手工业都在前期的基础上继续保持着生产优势，并得到进一步发展。

这一时期，随着商品经济的发展和交通网的形成，山东地区出现了一批新兴商业城镇，齐地的商业城镇主要集中于沿海和鲁中地区，比较著名的有沿海的胶州、莱州，以及鲁中地区的周村镇、颜神镇等地。鲁中地区商业城镇的兴起，是明清时期山东地区商品经济的一大特色。地处鲁中东西交通要冲的长山县周村镇在明代时期还是一个小城镇，仅"居民三百家"。至清朝时期，周村镇凭借优越的地理位置，发展成为一座工商业"大镇"。这时的周村店铺林立，城镇繁荣，已可与全国的著名工商大镇相提并论。另一新兴城镇颜神镇（今博山）则矿产资源十分丰富，以煤炭、陶冶、琉璃为主要产业。据《博山县志》记载，颜神镇凭借资源优势，"凿山煮石以通商贾，虽僻处岩阿而四方辐辏，俨然一都会也"。此外，潍县、青州等地也呈现空前繁荣的景象。这一时期，山东出现了掌握大量财富从而有资格充当资本家的人，齐地的莱州、登州、青州等地也涌现出了富比陶朱、石崇的富商大贾。从明朝开始，山东的商帮也初具规模，鸦片战争之后形成了鲁商商帮。

除了商业城镇的发展，山东地区的农村集市也大规模兴起。集市的发展是明清时期区域经济一个十分突出的现象。按照历史文献所载，明朝初期和中期的山东集市大多由官府兴办，而至明朝中后期，集市则有很大一部分是民间设立的。到万历年间，山东各州县已初步形成了一个密集的集市网络，十分繁荣。但这种局面随着明末清初的战乱而改变，大部分集市荒废。至康熙中期，山东地区随着人口的增多，经济也得以复苏，许多集市渐渐恢复，到乾隆时期，集市完全摆脱了战乱影响，开始全面增长，据粗略统计，明朝万历年间山东集市约有一千七百个；清代中期增长至两千三百个，光绪年间已达到近三千个。集市分布十分密集，并且分类十分细致，出现了粮食市、棉花市、牲畜市、丝绸市等不同的类别，不同地区的集市每旬开市二次、三次、四次不等，有些集市的繁荣程度远远超过州县，为商业发展提供了极大的便利。

牙人和牙行的兴盛也是明清时期经济发展中一大特点。牙行是买卖双方的中介，从事一些价值较高、专业性较强的商品交易中的评估、说和工作，以避免交易双方的经济损失，并从中赚取一定比例的报酬。这一职业出现得很早，西周时期就已存在，唐代以后随着商业发展渐趋稳定，开始被称为牙人，宋元时期发展为独立的行业，到明清时期达到顶峰。明代商书《士商类要》中写道："所谓牙者，别精粗、衡重轻、革伪妄也""买卖要牙，装载要埠""买货无牙，秤轻物假"。山东方志称牙行为"集之媒人"，认为牙行的作用在于"平物价""防争竞""理赋税"，可见牙行在评估物价、主持交易等方面发挥着重要作用，同时具有为政府收税的职责。明初时期，明政府对牙行采取了禁止政策，但随着明代商品经济的蓬勃发展，牙行的作用日益突出。在明朝中期，政府承认了牙行的合法地位。当时的山东地区，不仅城市商埠设置了牙行，许多州县集市也有牙行。然而牙行的存在滋生了许多弊端，部分"奸牙"借收税之名，勾结官吏，盘踞市场，垄断利益，中饱私囊，这种情况自清代以后更加明显。因此，从康熙年间开始，政府"清查税务"，对牙行进行了打压和整顿。到雍正年间，大量牙行被裁革，牙行就此没落。同时，各地设立义集，将原有的集市改为义集，负责管理的人员不领牙贴，不受课税，以扼制牙行之弊。据《长山县志》等文献记载，作为山东中部商业重镇的周村，在清初时也曾饱受牙行困扰，以致"商困难苏"。至康熙年间，乡宦李雍熙、李斯佺祖孙二人捐献资款，在几十年间"代周村觅斗秤之夫，纳牙行之税"，最终使周村成了义集，实现了"市以不扰，商旅归"，促进了齐地商业的稳定发展。

明清时期，山东地区经商之人的构成包括官僚、地主、儒生、普通百姓，这在很大程度上打破了原来等级分明的"士农工商"阶层划分。尽管从成就和影响力来看，鲁商无法与晋商和徽商相比，但也已经形成了一股地域商业力量，开始在历史舞台发挥作用。资本主义萌芽于明清初期出现，商品经济发展空前繁荣，使齐地百姓的观念发生了巨大变化，"民务农商"成为常态，重商逐利之风日长。这种逐利之风对商品经济发展产生了极大的作用。

第五章

齐商名人、名言、名训

第一节 齐商名人

齐商是中国历史上一个重要的群体,他们是先秦两汉时期最为智慧、活跃且成功的商贾群体,为中国古代早期历史创造了灿烂辉煌的商业文化,其商业思想中的许多精华和智慧如今仍保留下来。

在从古至今的齐商群体中,诞生了许多杰出的典型代表。由于中国古代社会对商业的压制,齐商的代表性人物群体主要出现在先秦时期和近代以后两个阶段,他们有的亦官亦商,有的智计卓绝,有的胸怀大义,也有许多近代的齐商杰出代表,统归于齐鲁商贾群体之中,其事迹被广为流传。因篇幅有限,不能将齐商的代表性人物一一尽述,只选择部分进行记述。

一、齐国君主——姜太公

姜太公是一位极富传奇色彩的人物,民间流传着很多关于他的神话故事和传说，其在传说中足智多谋的正义形象深入人心。历史上真正的姜太公是"东海上人"，其祖先曾辅佐大禹治水，因功被封于吕地，故以吕为氏，因此他也被称为姜尚、姜牙、吕尚、吕牙，他是齐国的建立者、齐文化的开创者，也是中国古代著名的政治家、军事家、思想家。

《战国策·秦策五》说："太公望，齐之逐夫，朝歌之废屠，子良之逐臣，棘津之雠不庸，文王用之而王。""齐之逐夫"说的是姜太公曾是齐地一女子家的赘婿，后被妻子赶出了门。先秦时期，齐地有长女不嫁、男子入赘的风俗，也就是说出身低贱的男子入赘到女方家中，作为赘婿。根据史料大致可以推测，姜太公被妻子赶出家门后，来到商都朝歌，以宰牛为业，成了一名屠夫，但肉卖不出去；后来他去给商朝贵族子良做家臣，结果被子良驱逐；之后他又跑到棘津打工，却无人雇用他。唐代司马贞在《史记索隐》中引三国时期蜀汉学者谯周的话说："吕望尝屠牛于朝歌，卖饮于孟津。"说的是他在朝歌做屠夫卖肉，生意失败，又跑到孟津摆摊卖饭，结果也挣不到钱。可见姜太公前半生家境贫困，生活相当困顿。《史记·齐太公世家》记载："太公博闻，尝事纣。纣无道，去之。游说诸侯，无所遇。"说的是姜太公曾经在殷纣王时期做过官，但因殷纣王暴虐昏庸，他辞官离去。《史记·齐太公世家》又载："吕尚盖尝穷困，年老矣，以渔钓奸周西伯。"说的是姜太公七十多岁的时候，依然一事无成，隐居在东海岸边，通

◎ 第五章 齐商名人、名言、名训

过垂钓"巧遇"西伯侯姬昌,拜为"太师"。

姜太公在遇到周文王姬昌之前的生活,史料记载极少,但在中国民间流传着一些姜太公经商的故事,传说姜太公在出仕之前有过四次经商的经历。

传说当时姜太公的妻子嫌弃贫困潦倒的姜子牙碌碌无为,就鼓励他做生意。首先,姜子牙想到自己年轻的时候学过编笊篱,于是想做编卖笊篱的生意。他去砍来竹子编了一担笊篱,挑出去卖,但一天下来,一个也没卖出去。笊篱的生意失败后,姜太公决定去卖面粉,他心里想,面粉是吃的东西,肯定会有人买的。于是他磨好了一担面粉后,再次挑去卖。但将大街小巷走遍了,他依旧一斤都没有卖出去。后来,总算来了一个想要买面粉的人,但他只有一文钱。姜太公好笑也好气,只好放下担子,给他盛面。但谁也想不到的是,就在这个时候,远处跑来了一匹受惊的马,将他盛面的箩踢翻了,面粉撒了一地,紧接着刮来了一阵暴风,将面粉吹得一干二净,第二次生意也宣告失败。两次生意失利后,姜子牙决定去朝歌城南门靠近士兵操练场的地方开一家饭店,烹牛宰羊,等待宾客上门。可是这时正值盛夏,酷热难当,没有一个人进店用餐,而在高温之下,饭馆的酒和肉很快就腐臭了。在这之后,姜太公又做起了贩卖牛马猪羊的生意。他买了一群牛马赶到城里去贩卖,谁知当他赶着家畜抵达城门时,却被看门官役喝令没收,原来,朝歌城半年不曾下雨,气候干旱,殷纣王下令禁止屠宰牲口,以祷告苍天来祈雨。于是,因为信息不灵,姜太公的生意又一次以亏本告终。

姜太公经商的几个故事皆为传说,无从查证,但正史中对于姜太公出仕之前经商的活动确实有着明确的记载。可以确定这位齐国的开国君主也曾是一位商人。齐国建立后,他制定了"因俗简礼""通商工之业,便鱼盐之利""劝其女功,极技巧"等一系列工商立国之策,与其早年经商的经历有着直接关系。

二、齐国的国商——管仲

管仲,名夷吾,字仲,世人尊称其为"管子"。管仲是中国古代著名的经济学家、哲学家、政治家、军事家,被世人给予极高的评价,被称为"法家先驱""圣人之师""华夏第一相"等。

关于管仲经商的经历,文献记载得非常少,较为明确的一处当数《史记·管晏列传》中管仲的一段自述:"吾始困时,尝与鲍叔贾,分财利多自与,鲍叔不以我为贪,知我贫也。"说的是管仲早年与好友鲍叔牙一起经商,因家中贫困,出的本钱不如鲍叔牙多,但在分红的时候却拿得更多。鲍叔牙不以为意,毫不计较。两人相知相惜,成就一段传世友谊。

因资料较少,所以管仲经商的故事难以查证,但可以确定的是,早年的经商经历对于管仲后来的治国思维具有巨大的影响。中国古代的国家级干部中,商人出身者少之又少,而管仲是其中之一,他治理齐国的一系列政策措施,归根到底是商人的思想和方法。他站在国家的立场和高度，制定了一系列经济发展政策，奠定了齐国强盛、坚实的基础，成为齐国历史上难以跨越的人物。关于管仲的商业思想，前文已有详细的论说，此处不再赘述。

管仲的历史功绩为后世所高度认可。《论语·宪问》记载，孔子曾称赞管仲："微管仲，吾其被发左衽矣。"意思是，管仲辅助齐桓公做诸侯霸主，尊王攘夷，一匡天下。要是没有管仲，我们都会披散头发，左开衣襟，成为野蛮人了。又说，"桓公九合诸侯，不以兵车，管仲之力也，如其仁！如其仁！"称赞管仲的"以商止战"行为是大仁之举。三国时期蜀汉名相诸葛亮，襄助刘备与曹操、孙权三分天下，他曾自比管仲、乐毅，表达自己对管仲智慧的极高肯定。近代的维新派领袖、著名历史学家梁启超则多次对管仲给予了极高的赞赏："国史上第一流人物""中国最大之政治家，而亦学术思想界一巨子也""春秋时代很难找个政治家可以代表全部政治的，管仲似乎可以"。由此可见，管仲的思想和功绩所产生的深远影响。

三、齐商第一人——范蠡

在历史上，将开放、进取精神与务实、合道的义利观践行于现实生活，并取得卓然实绩的成功者，除了齐国的明君贤相外，还有一位从吴越大地"移民"来齐的重要人物，他就是范蠡。

据《史记》等史书记载，范蠡在辅佐越王勾践灭吴霸越之后,急流勇退,"浮海入齐",变名为鸱夷子皮,在海边结庐而居,开始了后半生的实业生涯。他将计然七策的众多经济学观点应用到了经商实践中。十九年间先后三次聚财千金,富甲一方,又数次散尽其财救济贫困。他的一生充满传奇色彩,成为中国历史上商贾富豪第一人,更是被后人誉为"中国商战之始祖""中国科技创新与商业创新第一人"。

(一) 思想和实践的先行者

范蠡所处时代的社会环境、经济环境,甚至是价值取向和当今社会都有很大差别,但是他的经商理念和创新思维,尤其是他"行于技而思于道"的商道理念,直至今日依然在商界理念中颇具先进性。他提出的关于商品流通、货币物价的经济思想具有划时代的意义,他的专著《致富奇术》更是填补了历史空白。同时,他提出"物价贵贱随供求关系变化"之理论,开市场经济"价值规律"之先河。同时,范蠡在手工业和水产养殖业领域也做出了很大的贡献,此外他还曾经改进了陶器的制作技术,被太湖一带的工匠们尊称为"造缸先师"。

(二) 商业模式的创新

范蠡在齐国经商的故事有很多,比较著名的是范蠡贩马的故事。时值诸侯割据,战事不断,北方地区的牧场较多，马匹雄壮彪悍且价格便宜；而南方的吴越之地因战争频繁对马匹的需求量极大，在这种状况下，范蠡发现了一个巨大的商机，那就是将北方的马匹运送到南方，从中赚取差价。但收获高额利润的前提是低成本，高效率，然而范蠡对于当时的情况做了一番判断后，发现买马和卖马都较为容易，难点在于如何将马匹由北方安全顺利地运送到南方。兵荒马乱的年代里，盗匪横行，由南到北的路途遥远，运输费用高昂，且面临着盗匪的威胁，这个问题成了急需解决的难题。经过一番设计和调查，范蠡了解到北方有一个从事贩运生意的大商人，名叫姜子盾，常年往返于南北方之间，贩运经验丰富，并且早已通过金银买通了沿途的强盗和匪人，他的商队不会遭遇袭击和抢劫。于是，范蠡就把主意放在了姜子盾的身上。但范蠡并没有主动上门与姜子盾谈合作，而是化被动为主动，在其门口张贴了一张告示，大意是范蠡新组建了一只马队，开业酬宾，可免费帮人向吴越运送货物。果然，姜子盾看了告示之后主动找到范蠡，要求合作，范蠡自然爽快答应。在这样的合作之下，货物和马匹都安全抵达南方，马匹在吴越很快被卖出，范蠡和姜子盾实现了双赢。同时这种商业模式也开启了跨行业合作的先河。

范蠡卖马的故事，可以说是以创新精神抓住机遇的典型案例。范蠡成功地发现机会，整合资源，巧思变通，创造了传奇。

(三) 前瞻性的经营理念

范蠡的经商思想,对于那个时代而言是具有超前意识和前瞻性思维的,极富创新精神。

第一,预测行情,未雨绸缪。要获利赚钱,就必须重视市场行情的变化,了解商品供求关系与价格的关系。范蠡经商,应用了计然"旱则资舟,水则资车"之策,大获其利。天旱预先买进船只,天涝预先买进车辆。水涝之年做车子的生意,因为这时人们普遍用船,车子没人买,价格低;水灾过后,车子将成为市场上稀缺物品,必然涨价,可以赚钱。所以要从各方面做好准备,知道货物何时需用,何时价值最大。范蠡关于把握时机的论述是告诉经营者要在时机面前做出预判。

第二,审时度势,把握转机。范蠡认为,货物的时贱时贵是有一定规律的,价格会围绕规律上下波动,商品的价格高低会在一定条件下相互转化。他运用计然"论其有余不足,则知贵贱"的观点,通过把握市场灵活经商。市场上某种货物价格上涨,就会刺激人们生产出更多的这种货物,而当产品过剩,卖不出去,价格就会跌落下来,反之亦然。因此,他认为经商的人应该在货物价格昂贵时,要像对待粪土那样尽快抛售出去,而当商品价格跌落下来时,要像珠玉一样买进,也就是"贵上极则反贱,贱下极则反贵;贵出如粪土,贱取如珠玉"的道理,商人可以在贱买贵卖的差价中获利。

第三,薄利多销,加速周转。"薄利"是手段,"多销"是目的,以"薄利"促"多销"是商人的惯用手段。范蠡经商"不敢居贵",仅"逐什一之利"。他与主张"出不抬价,进不压价",不纠缠于单笔价格,而应当加快买进与卖出的速度,这样既可以不囤积巨额货物,又能加速货币流转。他提出了"无息币"的概念,认为商品、货币在市场经营中应该像流水般顺畅,快速周转。所以,他主张薄利多销、快销,加速商品、货币在流通领域的周转,"无息币""财币欲其行如流水"等观点,就是增加商品的周转次数,让货币不停止地运转,从而在扩大购销中去增加利润的总额。

范蠡在治理国家经济方面提出了"农末俱利"的"三八价格"。范蠡认为"夫粜,二十病农,九十病末,末病则财不出,农病则草不辟矣。上不过八十,下不减三十,则农末俱利"。价格太高,商人的利益会受到损害,就不会经营粮食商品;价格太低,农民的利益则受到损害,就不会去发展农业生产。商人与农民同时受害,就会影响国家的财政收入。而解决问题的最好办法就是由政府把粮食价格控制在"八十"和"三十"之间,这样农民和商人就可以同时获利。

春秋末年,范蠡提出的"农末俱利"思想,对当时各诸侯国的治理具有重要意义。首先,他提出了"谷贱伤民、谷贵伤末"的问题。范蠡认为,只有把价格调整和控制在一定的区间范围之内,才能实现"农末俱利"。这样既可以促进和保护农业的发展，又有利于工商业的发展，使农、工、商协调发展。其次，他明确提出了商品价格对生产与流通的作用，认为应处理好价格与生产的关系，尤其是粮价。范蠡认为应当通过调整价格等经济手段，而非行政命令促进生产和流通。再次，关于如何将物价控制在一定范围内，范蠡也明确提出了解决方法，即"平粜"之法，也称"平粜齐物"。意思是丰收年时，国家把粮食收购储藏起来；在歉收年缺粮时，国家再把粮食平价卖出，通过宏观调控的手段稳定粮食价格。"平粜"之法是由范蠡最先提出，战国时李悝推行的平粜法和汉代所设"常平仓"都是这一思想的发展与实践。

范蠡提出的许多著名商业思想，如"农末俱利""平粜齐物""劝农桑，务积谷""农末兼营""务完物无息币""平粜各物，关市不乏，治国之道也""夏则资皮、冬则资绨、旱则资舟、水则资车，以待乏也"等，都具有超前意义，即使是对当今的经济建设也有积极的现实意义。

四、汉代齐地名商——刁间

《史记·货殖列传》记述了西汉初年齐地富商刁间经商的事情："齐人刁间，富至巨万，经营铁业，兼营贳贷业……""齐俗贱奴虏，而刁间独爱贵之。桀黠奴，人之所患也，唯刁间收取，使之逐鱼盐商贾之利，或连车骑，交守相，然愈益任之。终得其力，起富数千万。故曰'宁爵毋刁'，言其能使豪奴自饶而尽其力。"

说的是西汉时期，齐地有一位富商名叫刁间，他的生意做得非常大，涉及盐、铁等多种经营，累积了巨额财富，也有许多奴仆。当时奴仆的身份十分低下，尤以在齐地为甚，且出现了许多狡黠的奴仆，为社会所担忧和厌弃。但只有刁间的观念与他人不同，他不但不轻视奴仆，反而认为有的奴仆具有聪明智慧和才干，因此他重用这些聪明的奴仆，让他们经营鱼、盐等各种产业，刁间很信任他们，他们当中有的乘坐成队的车马，与地方官员相结交。最终在奴仆的经营下，刁间获得大量的利润。

不得不说，刁间的经商之道鲜明地体现出齐商文化开放变通与不拘一格地使用人才的特点。

五、近代本土资本家——苗海南

苗海南，原名世循，桓台索镇人。这个许多人熟知的名字，就是近代山东百年开埠史上实业救国的第一代开拓者，是济南富有荣誉和声望的爱国资本家，也是近代齐商的典型代表之一。苗海南与胞兄苗星垣在济南共同创办和经营了成通纱厂。中华人民共和国成立后，他出任了第一届山东省人民政府副主席。自己既是股东，又是到海外留学的本土资本家，苗海南身居第一代创业者之列，有着丰富的传奇经历。

苗海南在那个动荡的年代里不断抗争、开拓、创新、贡献，引进了西方先进的科学管理方法，推动了中国现代化进程,打造了齐鲁大地上一个近乎奇迹的民族工商业繁荣时代。尽管最终敌不过历史的洪流,但却以开拓和创新者的姿态为我们留下了宝贵的精神财富。

(一) 先进思想下的传承与发展

在封建社会,传统的观念是重农轻商,国民之中以士为第一等,商为末等。到了民国时期,由于社会形态的变化,随着商品经济的繁荣,商人的实力迅速发展,地位不断增强,他们也开始追求自身的社会价值。

苗海南在中西方融合交汇的浪潮中,受到了先进思潮的影响,他的思想意识也发生着转变,追求先进的、文明的事物,摒弃落后的、愚昧的事物。正是在这种趋势下,苗海南于1924年考入南通纺织学院,于1928年毕业后,又考入英国曼彻斯特纺织学院。他还曾到英国各大纺织中心学习纺织业的生产经营,并在纺织机械厂实习。1931年,已经结业的苗海南没有急于回国,而是到英国各大纺织中心考察纺织业的发展状况,全面学习纺织厂的建设、经营和管理。学习了西方先进技术,接受了西方先进思想的苗海南,对于经商已经具备了超前的理念和思想。此时的苗海南不仅学业有成,更从英国的发展中看到了中国的潜力,他暗下决心,回国后要和兄长一起大力办好苗氏企业,为积贫积弱的祖国走出一条实业救国的新路。

因为有留学经历,苗海南思想民主,思路开阔,他把西方文化当中先进的东西,包括经营理念和技术引入到商业文化当中。他深知企业的成功与否在于用人,所以用"聘贤"之名为产品注册了商标。上任之初,他便用高薪将他在英国的同学和从日本纱厂挖来的二十五人聘为技术人员,并开始采用先进的管理经验。他懂技术、会经营,在先进的思维和创新意识的驱动下,苗海南的实业得到了蓬勃的发展。

(二)不断开拓进取的精神

在经营上,苗海南主张不能小富即安,要把盈利作为投资,不断扩大再生产,将企业做大做强。1936年,成通纱厂出现空前大盈利,苗海南趁势扩大资本,不仅鼓励大股东追加投资,也号召普通职员纷纷入股,使资本累积达到了一百五十万。抗战胜利后,国内经济通货膨胀严重,许多商人囤积居奇,致使面纱紧缺。苗海南抓住时机,成通纱厂日夜生产,赶制面纱,制成大量货物。在1946年至1948年的两年时间里,纱锭由不足一万发展至二万多,苗海南的企业也从中获得大量利润。他还扩大了铁工部的生产能力,利用从青岛和成丰公司招来的技术人员,大量生产各种纺织机器,降低了生产成本,提高了竞争力。

经营纱厂和面粉厂之外,苗海南和兄长又把目光放到机器制造甚至汽车工业上。他们还前瞻性地看出西北市场的潜力和前途,提出了一个开发西北的计划,就是从西安到兰州,每一个主要城市都建一个面粉厂和纺织厂。1935年,他们筹资一百万,在西安创立成丰面粉公司西安分厂,仅用八个月就建成并投产,创造了当时的一个奇迹。1936年,他们又在西安买地两百亩,打算建成通纺纱分厂。1937年春,他们将购买的大型发电机和自己制造的一万纱锭及部分原料运到西安,纱厂的各种设备基本就绪。可是由于那个特殊的战乱时期,苗海南踌躇满志的实业救国理想最终破灭了。

尽管苗海南的企业在规模上无法与19世纪国外的大型企业相比,但在开启中国商人特有的企业家精神方面,他们有着十分相似的特质,拥有冒险、创新和牺牲的精神,把个人的成功和时代需求紧紧地结合在了一起,不耻言利,在商言商,勇于争取经济自由。在那样一个时代,齐商也高擎起实业和创新的旗帜,承担起了他们能够承担的社会责任,为中国民族工商业的基础得以奠定做出了积极贡献。

第二节 齐商遗迹和老字号

一、齐商遗迹

(一) 滨州魏氏庄园

魏氏庄园,位于山东省滨州市西南部,建于清光绪十六年(1890年),是清代布政司理问、缙绅地主魏肇庆的私宅。魏肇庆,是魏集大地主魏毓炳的后代,生于1853年,为清末的齐地官商。据说他的家族生意做得很大,在北京、天津、青岛、济南、滨州等地都设有当铺和银号。

为赚取乐善好施的名声,他在家乡向贫民捐济钱粮,还曾捐银五百两资助知县重修县志。

魏氏庄园建于清光绪年间,是一组独具特色的城堡式民居建筑群,是中国古代北方民居建筑的杰出代表,它和烟台的牟氏庄园、四川大邑的刘文彩地主庄园齐名,并称为中国三大庄园。1977年魏氏庄园被山东省革命委员会公布为省级重点文物保护单位。庄园占地四十余亩,平面布局呈"工"字,其主体结构为清代小式木作台梁式构架,建筑形式为砖石木混合结构,具有能攻易守、进退自如的军事防御功能。

相传自魏肇庆始,其家族代代渐衰,魏氏后人逐渐离开,但魏氏庄园却保留下来,百余年来历经战争洗礼和政治运动冲击,主体建筑依然保护完好。魏氏庄园是目前发现的中国最大、保存最完整的清代城堡式民居。

滨州魏氏庄园

(二) 烟台牟氏庄园

牟氏庄园，坐落于山东省栖霞市区，始建于清朝雍正元年（1723年），是北方头号大地主牟墨林家族几代人聚

烟台牟氏庄园

族而居的地方，也是中国目前规模最大、保存最完整的封建地主庄园。1988年，牟氏庄园被国务院确定为国家重点文物保护单位。

牟墨林，字松野。据传，由于他皮肤有些黑，名字中带有一个"墨"字，因此绰号"牟二黑"，是清朝嘉庆年间的太学生，胶东有名的大地主，牟氏家族的主要创业人。牟墨林是其家族的第十四世，善于务农，购置了大量土地，也善经商。他经常对人说："人不患无财，患不善用其财。"他购置田产的主张是"余三余九，日益充盈"，即按几何级数积累财富。牟墨林以地租、放债、雇工和无偿劳役等手段积累家产。此外，他广交官府中人，为自己的经商事业铺路。他临终嘱咐诸子继承其志。其子孙效法祖辈，着力经营，至民国初期，其家族土地已达四千公顷，山岚八千公顷，房产五千五百余间，于是成就了现在的牟氏庄园。牟氏庄园规模恢宏，文化浓厚，以其建筑文化、农耕文化和民俗文化闻名于世，具有极高的艺术价值和丰富的历史文化内涵，有"中国民间小故宫"之称，是一部反映封建地主阶级生活的"实物百科全书"。

（三）周村古商城

周村素有"丝绸之乡""旱码头""金周村""天下第一村"的美誉，其历史源远流长，文化底蕴丰厚。周村古商城坐落于周村城区西部，作为古老的商业中心所在地，现为淄博市级文物保护单位、山东省级优秀历史建筑，

2001年被列为山东省重点旅游开发项目。周村古商城历经数百年风雨至今仍保留完好，街区纵横，店铺林立，被誉为"中国活着的古商业建筑博物馆群"，具有很高的旅游观光价值。

周村古商城

古商业城的主要街道又叫"大街"，是周村最大、最古老的一条商业街，始建于明朝永乐年间。至清朝后期，济南府章丘县旧军镇孟氏家族的"八大祥号"先后来这里营业经商，远近富商巨贾竞相云集，大街逐渐成为布行、杂货行聚集经营的商业贸易中心。

二、齐商老字号

齐地的老字号为数较多，截至2021年，淄博市共有43家，其中中华老字号企业11家、山东老字号企业32

家，主要涉及玻陶、餐饮、食品、酒水、医药、轻工等行业，餐饮、纺织等行业较为集中。而在齐地范围内，老字号的数量更多，涉及领域更加广阔。老字号传承至今，既是经济领域的招牌，更成了一张张文化名片。老字号的兴衰辗转，都折射出商品经济在历史上的发展变迁，凝结着民族精神和历史文化，蕴含着许多附加的无形价值，值得我们去努力发掘。因篇幅所限，本书选择部分老字号加以记述。

（一）瑞蚨祥

瑞蚨祥创建于1862年，拥有"中华老字号"的殊荣。瑞蚨祥始终坚持"至诚至上、货真价实、言不二价、童叟

瑞蚨祥

无欺"的经营宗旨。其开业后生意兴隆、日进斗金,一时间名声大作。当时北京曾流传着一首歌谣:"头顶马聚源,脚踩内联升,身穿瑞蚨祥。"瑞蚨祥"货真价实""童叟无欺"的经营传统,成为中国工商经济中诚信文化的象征。

(二) 张裕集团

张裕集团的前身是我国近代爱国华侨张弼士先生在1892年创办的烟台张裕酿酒公司,到如今已有一百多年的历史。它是中国近代第一家工业化生产酿酒厂家,也是亚洲最大的葡萄酒企业。其主要产品有葡萄酒、白兰地、香槟酒等八大系列几十个品种,产品畅销全国并远销世界二十多个国家和地区。1912年,孙中山先生到张裕酿酒公司

张裕酿酒公司

参观,并题赠"品重醴泉"四字。1914年,张裕"双麒麟"商标注册成功,公司正式对外营业。1917年,张裕正式营业四周年庆典,张学良、康有为、黎元洪等社会名流前来祝贺并留下诸多宝贵手迹。

(三) 周村烧饼有限公司

周村烧饼是山东省淄博市的一种传统小吃,因产于淄博周村区而得名"周村烧饼"。据考证,其源于汉代的胡饼,是山东省名优特产之一,拥有"酥、香、薄、脆"四大特点。周村烧饼有限公司始建于1956年,是一家历史悠久的老字号企业,主要生产有着千年历史的地方特产——周村烧饼,是一家兼营多种业务的综合型企业。

周村烧饼

(四）博山聚乐村

聚乐村创建于1919年，其历史已百年有余。它带动形成了博山"四四席"的套餐制。所谓"四四"，即四拼盘、四行件、四大件、四饭菜计十六道菜，供八人食用，人均二品。除四拼盘外，其余者兼有炒、炸、溜、氽、蒸、炝、烩等形式组合，菜肴的数量根据就餐者人数而定。拥有博山特制香肠、麻辣肉条、豆豉鲅鱼等特色菜式，是具有浓郁山东地域饮食特色文化的餐饮企业之一。

博山聚乐村

第六章

齐商文化的当代价值

第一节 齐商文化的开放变革思维与理念

开放变革，是齐商文化的显著特点，是当代中国的鲜明标识，也是当代世界发展的需要和趋势。当代世界是一个开放的世界，各国的经济发展都离不开世界市场。而当今世界又正处于大发展、大变革、大调整时期，只有创新求变，才能把握住时代的机遇。齐商文化天性之中的开放变革特质，深深地融入中华传统文化的脉络与中国发展崛起的脚步之中。

当今世界经济全球化深入发展，社会信息化、文化多样化持续推进，新一轮科技革命和产业革命正在孕育，各国相互联系、相互依存，全球命运与共、休戚相关。在这个大发展大变革的历史时期，古老的齐商文化在历史的关口绽放出崭新的生命力。

一、齐商文化的开放变革思维

如《管子·正世》所言:"不慕古,不留今,与时变,与俗化。"齐文化自诞生伊始,天性中就带有开放变革的因子。作为创造齐文化的主体——齐人,并非仅仅限于籍贯在齐。在这个定义中,齐人的概念是既带有一定标准,又相对宽泛。在齐国的治国贤能之中,有许多人不是齐国本地人士,比如管仲生于楚,宁戚是卫国人,而陈完是陈国迁到齐国的移民,甚至连太公本人也不是齐地本地人,但他们又的确是齐文化意义上标准的齐人。他们不仅参与了齐文化的成型与完善,而且他们本身就是齐文化的创造者。所以,是否籍贯在齐,是否能说齐语,都不是判断"齐文化创造者"这一概念的标准。因为齐地是一个变量,"能齐言者"也是一个变量。孟子在一部分时间里并不居住在齐地,也不会齐语,但他在稷下学宫的思想学术交流和言论,却发展了齐文化,为齐文化注入了新的活力。他虽不是土生土长的齐人,但他对齐文化做出了贡献,也应该是齐文化意义上的齐人。诸子百家多数不是齐国人,但他们都是齐文化的创造者。这些外来的精英,以及由他们主导的治国方略决定了齐国以及齐文化开放变革的特质。

齐文化是尚变革的文化、开放的文化,它主要表现在经济上的开放与变革。在姜太公初封齐国时,齐地很贫穷,正如《汉书》记载,乃"潟卤之地,不生五谷也",地薄人稀,百姓贫困。齐国对于对外开放和创新求变具有强烈的需求。后来齐国能发展成为"春秋五霸之首""战国七雄之一",在诸侯纷争中成为强国,主要是由于当时的齐国统治者,因地制宜,不拘一格,进取创新,大胆改革,寻求最为行之有效的方法治理辖域,发展经济。

齐国自立国起,统治者就选择了开放的治国思维,没有认为齐国的发展是孤立的,而是把齐国的发展与列国联系在一起,并将本国以外的广大地区都纳入自身经济发展的体系之中。通过"因其俗,简其礼"的思路,创造性地制定了"通商工之业,便鱼盐之利"的政策,优先发展手工业、纺织业、畜牧业等产业。"重工商"这一国策,是齐国商业文化发展之源头,是齐国强国富民之策,促进了齐国工商业的发展,成为后世独具特色的齐商文化的核心。管仲执政期间,不仅延续了姜太公对外开放的经济政策,而且将其发扬光大,为其注入了新的活力。他积极利用本国的有利条件发展贸易。管仲有一个著名的论点就是"天下之宝,壹为我用"。意思是说:一个善于治理国家的人,不仅能使天下的宝物都为我所有,为我所用,而且还能使外国人、外国货物为我所有,为我所用。否则,"为国不能来天下之财,致天下之民,则国不可成"。战国时期,齐国的商品经济和对外贸易进一步发展,齐都临淄成为当时商贾云集的大都会。直至西汉,临淄仍然"市租千金",风采不逊于齐文化的鼎盛时期。

由此,开放变革成了齐人天性之中的精神基因,也成了齐商文化的基本内涵。《管子·牧民》说:"毋曰不同生

(姓），远者不听；毋曰不同乡，远者不行；毋曰不同国，远者不从。"正体现了齐人的开放思想。

先秦时期的齐商文化有过两次重大的开放创新的发展。

（一）齐商文化的第一次创新性发展

齐国的开国君主姜太公在封齐伊始，把西周的政风礼制与东夷的文化风俗有序地结合在一起，创造性地制定了"因其俗，简其礼""尊贤智，尚有功""劝其女功，极技巧""通商工之业，便鱼盐之利"的基本国策和相关措施，完成了对齐国文化的第一次改造。

姜太公治国举贤任能，尚功、尚利、尚贤，他认为有功绩的，可以提拔；能创造利益的，可以重用；有贤德的，可以重视。太公不拘于一格，不累于声名，德才兼顾，可以说是开敢于求变、务实进取的用人方略之先河。他提出举贤尚功，对有真才实能的人进行提拔，授以实权，让他们在齐国政治、经济等各个领域发挥重要作用。姜太公还提出，要通过考核的方式鉴定人才，不分亲疏，不按阶层，只按照选贤任能的标准，对人才进行指标化衡量，用其所长，并督创实绩，最大限度地发挥他们的积极性和创造性。这一选人、用人的方法突破了西周"尊尊亲亲"的束缚，不计亲疏，唯才是举，具有超越时代的价值，为后来齐国成就霸业奠定了坚实的政治基础。

齐地是中国早期的开发区，伏羲、炎帝、蚩尤、共工都曾生活在这片土地，这里的舟车制造、兵器冶铸等技术十分先进，可见，为谋发展、开放创新正是这片土地的悠久传统。姜太公深知，要发挥这一传统优势就要调动人民的积极性。因此，姜太公采取了"敬其众，合其亲""因其明，顺其常"的策略，要求官吏们对民要"利而勿害，成而勿败，生而勿杀，与而勿夺，乐而勿苦，喜而勿怒""与民同忧、同乐、同好、同恶"，以争取民心，激发士民的生产积极性。在对民众的文化教化问题上，太公既保持了周礼的权威地位，又充分尊重当地风俗，不将烦琐的礼仪程序强加于人民，从而调动了人民建设齐国的积极性，开"改革开放"之先河。

姜太公封齐之初，齐国虽无千里膏壤，但也有自己的优势，如西境有盛产优质铁矿石的商山；东有储铜矿丰富的杜山；北境临水，鱼盐资源丰富，同时地潟卤宜种桑麻，纺织业也成为齐国的优势产业。因此太公依据自然条件制定了经济政策，即"通商工之业，便鱼盐之利"，实行农、工、商并举。

姜太公把"通末业"作为富民强国的根本保障之一。一方面体现在对自然资源的利用和对工商业生产的重视，另一方面体现在对商贸往来的重视，最终将齐国这个原本"地薄人稀"的荒僻之地变成强盛的国家。

（二）齐商文化的第二次创新性发展

齐桓公时期，管仲相齐，君臣两人配合默契，共同将齐国推向了盛世顶峰。在"桓管改革"的举措之下，齐国的政治、经济、军事、社会、科技、教育等各个领域，经历了一次大规模、全方位的系统而深刻的变革，管仲襄助齐桓公"九合诸侯，一匡天下"，成就了齐桓公的首霸事业。

管仲执政期间，继承和发扬了太公治国理政的成功经验，在推行尊王攘夷、国野分治、吏治考核、军政合一、兵民合一等政治改革的基础上，全力发展齐国的工商业。通过减少税收提升齐国的人口生育水平，增加人口数量；实行粮食"准平"的政策，控制国内贫富差距，限制富人对穷人的资源掠夺和盘剥；对商业特别是盐商加以重税，以补足税收的差异；承认了农民自由买卖粮食和私田的合法性，保护了私田农者的生产利润；推行"相地而衰征"，按照田地的土质好坏、产量多少的等级征收数量不等的实物税，客观上打破了井田的界限，加速了井田制的瓦解。管仲改革的成效显著，齐国由此国力大振。齐国开放的经济政策，使"来天下之财"的富国理想成为现实，出现了"天下商贾归齐若流水"的局面。越大夫范蠡在帮勾践复国之后，到齐国经商，富甲天下，就是典型的例证。

齐人以开放精神，揽天下之贤才，发展经济，而经济的繁荣也推动了其文化的昌盛，齐国自然成文化之渊薮，战国时期齐都稷下学宫的出现就绝非偶然了。

观念的进步和政治上的宽松，使齐文化在发展过程中大量吸收了其他外来文化的营养。事实上，齐文化吸收了东夷文化、商文化、周文化等多种文化中的可取因素，并因地制宜，灵活变通，结合本国实际，形成了自身独特的文化体系。齐国多次改革的成功充分证明，齐商文化是注重发展的，它没有墨守成规，不断寻求创新。开放变革正是齐商文化所体现出的核心精华。

自古以来，齐商文化中变革进取、开拓创新的思想精髓已深深积淀于民族精神、心理结构、价值体系和行为模式之中，这与先秦时期的齐文化，特别是齐商文化所缔造与展现出的开放变革特质有着密切的关系。进取、求变的文化精神，既彰显于齐国的治国之策，又外化于齐人的行为方式，是齐商文化的重要特质之一，它不仅在我国古代社会产生过重大影响，而且已经超越了时空，历久弥新地传承下来。

回顾齐商文化三千多年的历史，总结其发展经验，我们可以发现，齐商文化的发展传承不仅得益于"齐商"们善于谋略和不懈努力，更得益于齐商文化发展历程中沉淀下来的文化精粹。齐商文化植根、孕育于齐文化之中，一脉相承地传承了齐文化开拓进取、务实创新的精神内涵，在中国博大厚重的商业发展史上，开重商风气之先，以求新求变的姿态，在历史长河中始终占有重要的一席之地，绵延发展，几度繁荣，直至今天仍焕发着勃勃生机。

二、齐商文化的理念

（一）开放变革思想的体现

如今，我们正处于一个正在发生巨大变化的历史时期，这一"大变局"既是巨大的、全球性的，又是不断变化的，"大变局"的重点就在于"变"，比如，世界的经济重心与世界的政治格局都发生了巨大的转变，全球化进程在不断推进。政治、经济、文化在全球化的大背景下交互往来，角逐与融合，机遇和挑战并存。面对这种世界局势，中国在充分继承前人思想结晶的基础上，进行了创造性转化和创新性发展，坚持各国相互尊重、平等相待，坚持合作共赢、共同发展，坚持实现共同、综合、合作、可持续安全，坚持不同文明兼容并蓄、交流互鉴，充分体现出中国传统文化中开放变革的内涵与特质。

在政治层面，我国提倡"爱人者，人恒爱之；敬人者，人恒敬之"的相互尊重、合作共赢的思想；在安全层面，我国重视"与人和者，谓之人乐；与天和者，谓之天乐"的"以和为贵"的文化理念，以及"大道之行也，天下为公"的"和合"思想；在文化层面，我国推崇"万物并育而不相害，道并行而不相悖"的辩证思想和"美美与共"的共同繁荣理念；在生态层面，我国崇尚"天人合一"的生态智慧；而在经济层面，我国讲求开放包容的发展气度和普惠平衡的发展涵养。中国秉持的和平、主权、普惠、共治原则，体现了中华传统文化中"与时变，与俗化"的开放变革思想，彰显了中国的世界情怀和天下担当。

（二）"和而不同"思想的体现

在开放的齐文化里孕育发展的齐商文化，正是包容型文化的典型代表。它传承了厚重的齐文化，也随着时代的变化而不断发展。直到今天，"求同存异"和"兼收并蓄"成为新时代齐鲁商业文化的一个非常明显的特质，其蕴含的价值观符合时代的需求。

开放源于自信，自信所以包容。不同文化的广泛存在，是不同团体、群体或民族的集体记忆及价值观差异的客观存在。在经济全球化脚步中，这些异质性特征没有因为经济和技术的强大力量而趋向消解，反而在层出不穷的地缘政治冲突中更加凸显。因此，中华传统优秀文化之中的"和而不同"思想，开始跃然于世界文化之中。

关于"和而不同"的思想，《管子》中有所提及。《管子·宙合》记载："左操五音，右执五味，此言君臣之分也。君出令佚，故立于左；臣任力劳，故立于右。"说的是君主制定政策，只要抓住大方向就行了，不能把亿万百姓的口味、爱好都给统一化了，那样会使人民生活单调、乏味。"夫五音不同声而能调，此言君之所出令无妄也，而无所不顺，顺而令行政成"，说的是治理国家不能以单调的标准，搞整齐划一，而应丰富多彩，形式多样，这样人才能发展，国家才能够繁荣。这段话论述了古往今来的事物，都应当注重将不同的情况有机有序地糅合起来，使之和谐发展，而不能强求千人一面，统一于唯一模式。后来，齐国另一贤相晏婴对"和而不同"思想进行了发挥，并逐步升华。晏婴系统地论述了"和"与"同"的区别，以烹饪和音乐两个例子来解释"和"与"同"的区别。孔子承袭了晏子的"和同之辩"的观点,并将其发展为"和而不同"的处世主张。

多元文明和文化的冲突有宗教之间的鸿沟和冲突,又有价值观之间的冲突和文化习俗的冲突。在这样一个多元的世界中,没有一种文化可以替代另一种文化,这种多元文化的存在,使世界经济相互借鉴,扬长避短。因此,重"求同",淡"存异",坚持"共商、共建、共享"原则,发扬中华传统文化中的多元并存、和而不同的精神,扩大文化间对话的空间,才能求同存异,让世界融为一体。

第二节 齐商文化的义利取向与儒商精神的塑造

一、齐商文化中的义利思想

(一) 齐商文化义利思想的根源

"春秋无义战",高度概括了春秋时期礼崩乐坏、战事频仍的社会现实。这五个字,既表达了人们对那个时代的谴责,更反映出那个时期的人们对"义"的期待与呼唤。

齐国的明君贤相们,以"贤明"的洞察力,在诸侯混战中,最早发现了"义"在那个时代的稀缺性与无可替代的"利用"价值。这个"义",在齐文化中,体现于政治、经济、军事等治国理政的方方面面,较为集中地体现在民本思想和军事思想两个方面。

中国古代的民本思想萌芽于商末周初。商纣王因荒淫无道，尽失民心，最终败于西周，甚至在牧野之战中，商朝的军队因不堪商纣的暴虐统治倒戈相向，加速了西周代商的脚步。周朝建立后，统治者深深认识到民心向背和民众力量在政权兴替和国家发展中的作用，提出了"人无于水监，当于民监""敬德保民""民惟邦本，本固国宁"等观点。到了春秋战国时期，社会动荡加剧，自由民增多，私商兴起，民众的社会地位提升，民众在国家政治中的重要作用日渐突显，因而民本思想在当时十分兴盛。管仲则是当时民本思想的重要代表性人物之一。《管子·霸言》记载："夫霸王之所始也，以人为本。"《管子·小匡》记载："士农工商四民者，国之石民也。"正是在"人本""民本"思想的支配下，管仲在政治实践中提出了"凡治国之道，必先富国""九惠之教"等一系列"利民、富民、惠民"的主张和措施。

除了民本思想，齐国的军事思想家对于"义"的理解和诠释，也体现得比较突出，对战争的性质和目的都有详尽的论述。总体来说，春秋时期，以孙武为代表的军事思想家主张为"利"而战。成书于战国时期的《管子》《司马法》《孙膑兵法》都主张要为"义"而战。孙武提出"非利不动，非得不用，非危不战""合于利而动，不合于利而止"。在孙武看来，发不发动战争，关键就在于是否有"利"。而这个"利"指什么呢？这里的"利"当是国家之利，即"掠乡分众，廓地分利，悬权而动"。对一个国家而言,是否打仗,就看对土地的扩占和对人口及财物的掠夺所得之利是大还是小。尽管战争少义,但孙武主张的"利"并非绝对意义上的私利,他所主张的兼并战争、争霸战争在客观上有利于国家的统一,因此有其进步意义。

战国时期,统一战争已逐步成为主流,这一时期的军事思想家通过吸收儒家、墨家"义"的观念,开始认识到战争在性质上有"义"和"不义"之分,并强调正义战争对决定战争的胜败起着重要的作用。《管子》说道:"能强其兵,而不明于胜敌国之理,犹之不胜也。"何谓"胜之理"呢?即"行义胜之理"。所谓"行义",在《管子》中是指"按强助弱,圉暴止贪,存亡定危"。《管子》认为,"行义"可以"立于胜地","不义"则会导致失败。它指出:"成功立事,必顺于理义。故不理不胜天下,不义不胜人。故贤智之君必立于胜地,故王天下莫之敢御也。"

《管子》提出,认为因为正义,所以无往不胜。所谓"大胜"就是积累多次正义战争的胜利,这才算是真正的"大胜"。相反,如果军队强大,但士兵勇而"不义",也将失败。"勇而不义伤兵""兵强而无义者,残兵",这种军队在战争中最终都是要失败的。"故军之败,生于不义",即使偶尔侥幸取胜,也未必是好事。

在普通人看来,"义"和"利"是对立的,甚至是水火不容的。但在大政治家、大军事家、大思想家那里,义、利并非水火不容,而是统一的。孙膑在强调"功利"的同时,也把"义"看成是进行战争时所要考虑的首要问题,认为"义者,兵之首也""卒寡而兵强者,有义也"。

(二)齐商文化的"义""利"之辩

《管子·牧民》言:"仓廪实而知礼节,衣食足而知荣辱。"古代先哲对人的逐利本性有着深刻的认识,明白对利益的追求是人性所需,孔子主张当政者要"因民之利而利之",要将保障百姓衣食等正常的物质利益作为重要的治国内容。孟子进一步发展了孔子的思想,他认为,"饮食男女"是人的本性,不但不能压制,而且要好好疏导,君主应当"均井田,实仓廪","制民之产",注重人民的物质利益。在中国历史上,历代先哲都没有否认,人生来就有逐利本性的事实。

"义"与"利"的关系在儒学之中占有非常重要的地位。儒学家在承认人们对"利"的正当要求的同时,更深层次地认识到"义"远远重于"利"。孔子倡导"见利思义",这是儒学关于义利之辨的思想渊源,意思是,追求利益本身并没有错误,但实现利益的途径必须以"义"字为标准。孔子认为"君子喻于义,小人喻于利",把重利和重义作为区分君子与小人的标准之一,可见儒家对"义"字的推崇。但是,儒家重义的思辨,主张用道义引领和规范获利的行为,成了后世儒学的精髓,这一思想成了规范经济行为的重要道德标准,很大程度上禁锢了商业发展的脚步。甚至,义利之辨逐渐被后世较为狭隘地理解为义与利对立,对后世产生了深远的影响。这样的诠释明显与儒学最初的主张并不相符。"君子爱财，取之有道。"儒学的义利观就是一方面承认人的物质需求，另一方面反对放任物欲。儒学认为"利"的获得，必须通过"义"的途径来实现，强调道德的制衡作用。

齐商文化产生于孕育了齐文化的齐鲁大地上，在儒家思想的影响和熏陶之下，逐渐形成了与儒学思想一致的义利取向，即义利并重、持义逐利的价值观。

一方面，在崇尚重工的齐国政策与开放务实的民风的双重影响下，齐商是重利的，人民聪慧多智，极有经商头脑，"尚功利"，追求"甚富而实"的生活，甚至形成了奢靡逐利之风；另一方面，齐人又秉持着对于"义"的追求，既能做到诚信经营，又能兼顾社会公益，具有"甚富不可使，甚贫不知耻"的倾向。

二、新时代儒商文化的塑造

（一）"儒"与"商"

通常来说，做学问者谓之"儒"，做经营者谓之"商"。在中国人的习惯性认知中，"儒"字往往高尚美好，代表了中国人至高的美德；而"商"字往往与"奸"相关联，"无商不奸"的说法深入人心。"儒"与"商"原本是看似毫无关联的两个字，但奇怪的是，"儒商"一词却并未给人以违和感，反而令人产生一种特殊的认同与好感。这就是中华传统文化博大兼容的内蕴使然。

在先秦时期，对于义和利的态度，齐商文化与儒家思想是基本一致的。管仲早就发现了所谓理性人的两面性，提出了齐国市场经济的财富道德观："非吾仪，虽利不为。非吾当，虽利不行。非吾道，虽利不取。"①大意为不合乎国家法规，虽有利润也不去做；不合乎公序良俗，虽有利也不行动；不合乎自然社会的公平正道，虽有利也不获取。儒家继承了管仲的这些思想，重视道德。孔子认为利与义比较，义更重要，《论语·阳货》中的"君子以义为上"，《论语·卫灵公》中的"君子以义为质"，都体现了"义"的思想。因此，君子遵循先义后利、重义轻利的原则，其具体标准就是"礼"。而"礼，上下之纪，天地之经纬也，民之所以生也"②。于是儒家将"义、利、礼"三者统一起来，形成"礼以行义，义以生利，利以平民，政之大节也"③的义利原则。

"义利观"是儒家的核心思想，被很多人称之为"儒家第一义"，义利之辨也是贯穿中国几千年的经济伦理问题。在"义利之辨"中，人们往往习惯性地认把"义"和"利"作为对立的矛盾双方，认为二者水火不相容，但从儒学的角度看，二者之间并非简单的对立关系。明清之际的思想家王

---

① 李山、轩新丽译注：《管子》，中华书局，2019，第642页。
② 郭丹、程小青、李彬源译注：《左传》，中华书局，2012，第1967页。
③ 郭丹、程小青、李彬源译注：《左传》，中华书局，2012，第873页。

夫之曾把"义"分成"一人之正义""一时之大义""古今之通义"这三个层次，后两者以"利国""利民"等形式所体现，因此可知，"义"和"利"并不是完全对立的。

对于义和利的关系，儒家先贤曾有过很多精辟的论述。孔子提出"君子喻于义，小人喻于利""不义而富且贵，于我如浮云""富与贵，是人之所欲也，不以其道得之，不处也"。可见，孔子并没有否定"利"，他承认对利的追求是人的天性，但他认为，一个人应该以正当的方式和适宜的途径，获得正当的利益，孔子所批评的，是"不义而富且贵"，而并非否认一切追求"富贵"的行为。可见，孔子在对待财富的问题上，是客观通透、尊重人性的，并非后人所理解的那样教条与狭隘。如果把孔子的义利思想简单地理解为他对于"利"的否定甚至鄙薄，显然是错误的。在孔子看来，无论国家、民族大利，还是个人的私利，都应该以遵循"义"为前提，而不应该不择手段。正因如此，他对于管仲"九合诸侯，不以兵车"的行为大加赞赏。

由此观之，齐商文化的义利取向与儒商精神的价值追求是基本一致的。

（二）当代儒商精神的塑造

1. 诚信为本的思想

人无信则不立，商无信则无誉，诚信为儒商精神之本。"义利观"中的"义"，实质上是人们基于共同的伦理道德而形成的一种被普遍认同和自愿遵守的商业制度，主张讲信修睦，谋利有度，它不仅是为人处世的方式、方法，也是商业往来的行为规范。《管子·枢言》云："诚信者，天下之结也。"《管子·侈靡》中有："至贞生至信，至信生至交。"说的都是要以诚信为本。这是齐商文化诚信思想的集中体现。儒与商的融合，有利于形成"义利统一"的义利观和诚信经营的商业观。

时代呼唤儒商精神。在当今世界"经济全球化""市场一体化"的国际化进程中，人们普遍对"契约精神"和"诚信"有了越来越高的要求，"诚信"已经成为被国际公认的社会价值观。在这样社会发展的新形势下，齐商文化中义利思想的精髓愈发焕发光彩，秉承"义、信、利"的传统，以儒商高度的道德自律实现市场法律自治，才能对经济秩序的稳定、经济繁荣起到越来越重要的作用，富民强国，利益天下。

2. 兼济天下的思想

孔子的义利观可以分为两个层次：第一个层次是"见利思义"。通俗来说，就是"君子爱财，取之有道"。第二个层次是"义以生利"。"义"作为一种道德准则体系和行为规范，可以带来极大的社会声誉，从而积累极为珍贵的"社会资本"，这些"社会资本"的获得又成了商人或企业获取物质资本和利益的重要变量和有效加码。简言之，商人的社会美誉度可以为商业行为带来更多的利益，而美誉度的积累，需要"义"字为先，这就是"义以生利"。

成就"义以生利",除诚信之外,还有"利他"一途。齐商文化中有"义以生利"的典型案例。如前文已述的陶朱公范蠡,他"治产积居""十九年之中三致千金",但是他将自己的财产都散给了自己的穷朋友和穷亲戚,这种善行无疑给范蠡带来巨大的社会声望,被后世给予极高的盛赞。再如近代齐商苗海南,作为中国近代民族工商业者的杰出代表,在1951年抗美援朝战争爆发时,他出资支援前线。他是国内企业界捐献第一人,由此推动了全省以及全国工商界的捐献活动,成为著名的近代爱国企业家。这些齐商事例无不体现了"利他"思想。

近半个世纪以来,企业社会责任已经成为全球性的共同话题,中国企业在迅速成长的同时,也应该清醒地意识到企业社会责任体系构建的重要性。秉持义利合一的价值观和财富观、公平交易、诚信经营、服务社会,这与传统文化的伦理道德和价值取向是高度契合的,同时也是符合历史与现实发展需求的。这些优秀的思想,值得人们进一步挖掘和弘扬,以塑造适应当代社会发展需要的新时代儒商精神。

第三节 齐商文化的务实精神与当代商业文化的构建

一、齐商文化的务实精神

齐商文化具有典型的务实精神。其一,尊重自然规律。

齐国的统治者已经认识到自然的力量，并非常尊重自然规律。齐国建国之初，姜太公明确意识到地理环境是生存和发展的必要条件，面对齐国不适宜发展农业的自然条件，他明智地提出了工商立国之策，齐国逐渐富裕起来。管仲相齐时，发展了姜太公"就地利"的思想，进一步提出了"尽地利"的观点。管仲认为，天地都是自然之物，具有其自身的力量，但并不是神鬼之力。同时，管仲还看到了自然界的规律性。《管子·形势》一书提出规律是不以人的意志为转移的。正因如此，在发展生产的时候要抓住时机，不能错过。《管子·牧民》阐述了天时对于发展生产的重要性。其二，因时制宜，因地制宜。民俗的形成是一个漫长的过程，无法在朝夕之间改变，在认识到这一点后，姜太公开创了"因其俗，简其礼"的传统。这种务实的做法尊重了当地人的风俗习惯，得到了东夷人的拥护。

齐商文化的务实性鲜明地体现在齐国的经济发展政策中。"通商工之业，便鱼盐之利"就是姜太公建国时确立的务实精神的重要内容之一。齐地自古以来就是柞蚕、柞蚕丝的发源地，其生产的柞蚕丝闻名于世。据《尚书·禹贡》记载，齐地生产的柞蚕丝，在上古时期就是当地的重要贡品之一。姜太公推行发展纺织业的政策，使齐国的纺织技术一直领先于诸侯列国，齐国亡国后，齐地的纺织业也并未因此停滞。西汉时期，齐地成为著名的丝织品产地，为汉朝皇帝制作冠服。同时，齐地濒临大海，具有较先进的渔业生产技术，因此齐国统治者秉持因地制宜的务实精神,大力发展渔业和煮盐业,煮盐业由此成为齐国的支柱产业之一,并给齐国带来丰厚的利润。管仲相齐时提出的"四民分业"、招商引资等政策也都是基于当时社会经济发展需要而制定的。到战国时期,商人的力量越来越大,他们在一定程度上操纵物价,盘剥百姓,对国家经济的正常发展造成了不利的影响。齐国统治者也相应地制定了抑制商业的政策。比如,政府会以贷款的形式向农民租借农资农具,限定时间归还,以保证他们顺利开展生产。另外国家会通过宏观调控的方式控制粮食流通,防止商人对粮价进行操控,损害国家利益。这些做法是国家是根据经济发展需要而制定的与商争利的办法,既增加了国家收入,又在一定程度上抑制了商人,体现了务实的精神。

齐商文化的务实思想在天时、地利、民俗等方面的基础上,开拓了实事求是的思路,提出按客观规律办事、因势利导等唯物主义的思想,这在当时是十分难能可贵的。务实精神是齐人留给后人的宝贵精神财富,而务实的最终目标,就是实现国家经济、政治的发展,实现国富民强。在商业文明高度繁荣的今天,更应该弘扬齐商文化中务实进取的精神,为构建符合当代商业文明发展要求的商业文化汲取能量。

二、当代商业文化的构建

(一) 当代商业价值存在的问题

如前文所述,农为贵、商为贱是中国古代经济思想的主流，商品经济的发展在漫长的封建社会里始终被压制。清朝末年，闭关锁国的清朝政府在西方列强的枪炮中被迫打开了国门。在这一过程中，晚清政府试图引进西方的先进设备，学习西方的先进技术，吸纳西方的工商业制度，来挽救穷途末路的封建政权。然而，以落后的脚步追赶先进的工商业文明终究是需要时间和过程的。在很长的一段时期内，中国工商业无论是组织规模还是生产总值在整个社会经济中的比重都是很小的，农业依然是中国经济发展的主要支柱。改革开放以后，中国逐步实行市场经济转轨，完善市场经济制度，扩大市场经济范围。在融入世界市场经济的过程中，中国工商业的热情空前高涨，取得了令世界瞩目的成就。与此同时，因起步较晚，传统商业文化积淀不足，而随着中国经济制度的转型，商品经济发展过快，导致文化的支撑相对滞后，力道不足，因此使当代中国的商业文化和价值观念还存在一些问题。

其一，人们对财富认知的极端化。长久以来，在根深蒂固的贱商、抑商思想的影响下，由于对财富缺乏客观的认知，不耻言利与极度贪婪成了一些人财富观的两个侧面。改革开放以后，市场经济制度的确立激活了许多人的财富欲望，这一潜意识的释放带来了巨大的能量，却也在很大程度上使人们失去了理性，造成了两种财富观念，一种是缺乏竞争意识，满足于小富即安；而另一种则是偏执于物质享受，追求利益，不择手段。这两种思想都是对财富缺乏客观认知的极端化产物，其根源在于，人们不具备获取财富的正确文化引领与指导。

其二，商业规则的缺失。因为缺少合理合规的交换文化作为引导，所以导致商业活动规则的不完善，包括交换方式、交换法律、交换心理等要素。因此在一定情况下，商品经济活动会出现无序状态。尤其是在人们对于财富的欲望越来越强烈的状态下，一些财富观念不断冲击人们的价值底线，甚至出现了不顾长远利益、不择手段的商业行为，如假冒伪劣、产权侵犯、钱权交易、商业欺诈以及竭泽而渔的环境破坏行为等。这些现象恰恰说明商业伦理规则与制度的不完善和商业文明的缺乏。中国长期以来的商业以儒家伦理道德为约定俗成的规则，商业关系以人情为纽带，却没有形成独立的、完整的法律规则，如契约法则、信用法则等。因而导致中国社会的契约精神不足、信用意识淡薄。中国古代的商业发展，除了在官商发展基础上制定的部分对市场、商品、商人的管理制度之外，并没有形成专门的商业法律法规。中国从20世纪初才开始产生商法启蒙，且目前依然存在很多漏洞，难以与国际化的大商业、大流通等交易活动相适应，也导致钻法律空子而损害消费者利益的现象时有发生。

其三，财富责任意识的缺失。实现社会财富的公平分配自古以来是人们的共同愿望，中国古代曾诞生过"大同社会""均贫富"等许多追求财富平等的思想，然而这些思想在阶级社会中注定是难以实现的，也导致了部分巨额财富拥有者的社会责任感极度缺失，将财富视为私有财产，而拒不用以奉献社会，成了贫富分化的根源。改革开放以后，"让一部分人先富起来，带动其他人共同富裕"的方针始终作为社会主义市场经济发展的重要原则，这是由社会主义社会的本质要求所决定的。由于市场经济发展与商业法规、法则的不完善，人们的商业思维和意识不成熟等因素，在一定的阶段之内，还是出现了贫富差距拉大的现象。这些问题逐渐成为当今社会商品经济发展的重要问题，社会已经开始呼唤新的商业文化与价值体系以及科学完善的财富责任观念。解决这些问题的根本方法，就是健全和完善社会的公益、慈善和福利机制。

（二）当代商业文化的建设

新的时代呼唤新的商业文化和商业思维，齐商文化的变革创新和务实精神将发挥非常重要的作用。

1. 重构传统商业美德，倡导诚信为本

诚信是中国传统商业美德的核心，直到今天依然在社会主义市场经济中发挥着重要作用。构建社会主义市场经济道德体系，倡导商业诚信，有助于社会主义市场经济健康有序发展，也有利于增强国际竞争力，使中国经济在全球经济一体化的浪潮中立于不败之地。

中国古代关于经商诚信的思想有很多。《管子·乘马》一书认为商贾必须是"诚贾"。《孔子家语·相鲁》一书认为经商者不售假货、劣货，遵循诚实守信是最起码的商业道德。《礼记·儒行》提出不要把金玉当成宝物，忠诚与信用才是宝。坚持诚信为本，以义取利，就会有良好的市场信誉。信用体系一旦建立起来，就会产生巨大的社会效益和经济效益。诚信一般体现在货真价实、恪守承诺、物美价廉、和气生财等方面，而这些在齐商文化中都有十分明确的体现。如范蠡倡导的"务完物""贪贾三之，廉贾五之""非诚贾不得食于贾"等。

构建新的商业美德，建立起与当今商品经济发展相适应的文化价值体系，应做到两方面。其一，由传统走向现代。齐商文化是经世致用的文化，博爱大众、利人济世的精神品质在当代的商业文化中依然闪烁光芒，它汲取传统文化的精华，并赋予其新时代的价值，这正是构建商业美德的重要内容。齐商文化的诚信思想有利于启示商品经营者们诚实待客、信守商业道德，遏止假冒伪劣产品与失信行为。这些可以说明传统商业美德在今天可以找到与社会主义新道德相融合的点。其二，兼顾传承与创新。借鉴齐商文化中务实创新的精神，从新的视角，以新的方式，认识和处理道德关系，建立起适合当代社会发展和商业发展的道德规范体系。同时增强信用意识，健全信用规范制度，加强信用的立法和执法，建立统一、开放、竞争、有序的大市场，增强我国的国际市场竞争力。

2. 强化财富责任意识，倡导共同富裕

财富的属性具有多重性的特征，它既可以是私有属性，也可以是社会属性；既可以是物质属性，也可以是精神属性；既可以是低俗属性，也可以是高尚属性。社会的财富

使用途径在很大程度上反映出社会的商业文明程度。如果财富的流向只是满足私人的、物欲的消费，那么财富的属性是低俗和私有的；如果财富用来生产与经营，那么它就拥有更多的社会属性；而假如财富的用途是推进社会福利和慈善事业的发展，倡导共同富裕，那么财富的价值则体现为高尚和社会的层次。

共同富裕的思想在齐商文化中亦有所体现。《管子》一书提出了藏富于民、与民分利、轻徭薄税、减少贫富差异、开展社会救助和福利等思想与政策，特别提到了社会福利和救助的部分，并提出了"六兴九惠"的具体措施。所谓"六兴"，就是发展一切对百姓生活有利的事业和举措，急百姓之所急，想百姓之所想，提升老百姓的生活质量和幸福感。比如，注重民生，让百姓有更多挣钱的渠道，发展和维护水利等重要的基础设置，减轻百姓税负，帮老百姓解决他们最重要、最紧急的事情，救济陷入生活贫困、有特殊需求的人。这些就是六兴。所谓"九惠"，说的是救助九类特殊人群的社会政策。即要照顾好老年人、小孩子、无父无母的孤儿、无法自力更生的残疾人、丧妻的鳏夫或丧夫的寡妇这几类人群。同时官员要定期探望长年生病的人；接济长期穷困的人；到了灾荒之年，要放松政策，开仓放粮救助灾民；此外，对于因为国家战争而牺牲的士兵家属，要给予足够的抚恤。因为生产力发展水平有限，在那个年代的社会福利制度并不完善，但从这些措施我们可以看到，社会福利思想确实很早就存在了。其实自古以来，关于社会保障的论述有很多，但大多观点都是零散且不系统的。对社会福利与救助进行系统和专项阐述的，唯有《管子》一书。

共同富裕思想根植于中华优秀传统文化之中，与中国传统文化上的"大同"思想、"民本"思想有着深刻的关系，也体现了中华文化经世致用的务实精神。

首先，共同富裕是物质和精神的共同富裕。《管子·牧民》中的"仓廪实而知礼节，衣食足而知荣辱"充分说明了物质与精神相统一的关系。随着社会生产力的发展与人民生活水平的不断提高，人们精神需求的增长越来越快，同时，人的精神追求的超前性又为物质生产提出了更高的要求。所以，实现共同富裕的终极目标是促进精神与物质的全面脱贫，实现物质生活与精神生活的共同富裕，促进人的自由全面发展。

其次，共同富裕是人与自然的和谐统一。这与齐商文化中尊重自然的务实思想相契合。假如过多地强调发展，强调物质财富的增长，而忽视人类发展与自然平衡的相互关系，显然是不可取的。人类为之奋斗的共同富裕目标绝不仅仅是物质丰富、精神文明，还包含着人与自然关系的文明与和谐。

再次，共同富裕是效率与公平的二者兼顾。在齐商文化的发展中，政府对商业的抑制和干预充分体现了国家决策依据社会现实而生的务实性。而当代社会的效率与公平同样体现出国家的民本思想与务实精神。共同富裕不是部分群体少数人的富裕，而是全体社会成员的富裕，社会公平、社会和谐是共同富裕的基本要求。社会必须尊重和发挥人的主动性和创造性，满足主体全面发展的要求，真正实现幼有所育、学有所教、劳有所得、病有所医、老有所养、住有所居、弱有所扶以及公共服务均等化，保障公平机会、公平条件和公平权利，确保向上流动的渠道畅通，促进社会公平正义。

最后，共同富裕是国家发展和人民全面富裕。国富民强的发展目标正是体现了建立和完善中的国家治理体系和治理能力的现代化，应努力保障人民对幸福生活的追求。

要实现共同富裕，需要做好两方面。其一，发挥公共财富使用的引领作用。公共财富的使用方向会对民间财富的使用有引导、示范效应。只有公共财富按照国家政策的规定，真正用于公益、民生事业，才能加速共同富裕的实现。其二，完善公益慈善的机构和机制。鼓励这一领域中介组织的建立，规范其运行过程，增强其透明度、效率评估、投向过程的监督等环节的规范性。高效规范的公益慈善中介机构运行机制的形成，不但能有效提高捐助者的财富使用效果，还会鼓励更多的人将财富贡献于公益慈善事业，更重要的是能提升整个社会的财富品位，形成互助、爱心、团结、向上的社会风气。

参考文献

[1]李金山.齐鲁商贾文化（先秦秦汉卷）[M].济南：齐鲁书社，2014.

[2]姜生，谭景玉，李金山，等.[M].济南：山东人民出版社，2010.

[3]李英森，程刚，王秀珠.齐文化丛书：齐国经济史[M].济南：齐鲁书社，1997.

[4]吴慧.中国商业通史[M].北京：中国财政经济出版社，2004.

[5]余也非.中国古代经济史[M].重庆：重庆出版社，1991.

[6]齐涛.中国古代经济史[M].济南：山东大学出版社，1999.

[7]山东省淄博市钱币学会.齐国货币研究[C].济南:齐鲁书社，2003.

[8]张桂平，林锋，王作言.21世纪儒商文化[M].北京：光明日报出版社，2016.

[9]强进前.先秦商人研究[M].兰州：甘肃文化出版社，2020.

[10]唐力行.商人与中国近世社会[M].北京：商务印书馆，2017.

[11]吴晓波.历代经济变革得失[M].杭州：浙江大学出版社，2016.

[12]刘凤鸣.山东半岛与东方海上丝绸之路[M].北京:人民出版社，2007.

[13]李剑农.中国古代经济史稿（魏晋南北朝隋唐部分）[M].武汉:武汉大学出版社，2005.

[14]张照东.宋元山东区域经济研究[M].济南：齐鲁书社，2006.

[15]许檀.明清时期山东商品经济的发展[M].北京:中国社会科学出版社，2007.

[16]冷鹏飞.中国古代社会商品经济形态研究[M].北京:中华书局，2002.

[17]王文学.中国古代商业文化[M].北京:现代教育出版社，2010.

[18]吕翠苹.探究《管子》轻重论中的宏观调控思想[J].上海市经济管理干部学院学报，2015（04）：9—13.

[19]李建立.先秦商业文化的当代价值探析[J].社科纵横，2017（04）：105—108.

[20]赵万里.先秦齐国与早期丝绸之路关系探析[J].山东理工大学学报(社会科学版)，2018（01）：59—63.

[21]袁媛.中国商人历史地位的变迁及其原因分析[J].甘肃农业，2005（06）：61—62.

[22]李莉.试论鲁商的产生与发展[J].山东工业技术，2014（06）：14—17.

[23]吴松等.中国农商关系思想史纲[M].昆明：云南大学出版社，2000.